Petrograd, Shanghai

Alain Badiou

Petrograd, Shanghai
Les deux révolutions du xxe siècle

La fabrique
éditions

ISBN : 978-235872-166-0

La Fabrique éditions
64, rue Rébeval
75019 Paris
lafabrique@lafabrique.fr
www.lafabrique.fr
Diffusion : Les Belles Lettres

Sommaire

Avertissement

J'ai voulu rassembler, dans ce petit livre, la représentation que je me fais des deux révolutions les plus importantes du XXe siècle, la russe et la chinoise.

Je dis bien « révolution ». C'est pourquoi il ne sera pas ici question de la prise du pouvoir par le Parti communiste chinois juste après la fin de la Seconde Guerre mondiale. Cette prise de pouvoir a en effet été le résultat d'un très long processus politique et militaire – une trentaine d'années – avec formation d'une armée populaire essentiellement paysanne et occupation d'une zone libérée. Ce processus n'est pas adéquatement désigné par le mot « révolution ». Certes, la Russie a aussi connu une longue (quatre ans au moins) et féroce guerre civile. Mais cette guerre civile a suivi, et non précédé, la prise du pouvoir central par les bolcheviques, de sorte que cette prise du pouvoir peut, fût-ce approximativement, être désignée comme « révolution ». De même, les gigantesques mouvements de masse étudiants et ouvriers, les affrontements, les renversements de situation, qui ont marqué entre 1965 et la mort de Mao (1976) la séquence dite de la « Grande Révolution culturelle prolétarienne », possèdent tous les attributs classiques des révolutions.

J'ai voulu qu'une symétrie formelle organise ce livre : pour chaque épisode, le russe et le chinois, il y a deux chapitres distincts. D'une part, une appréciation synthétique des événements concernés, d'autre part un commentaire de deux textes fondamentaux liés à ces événements, le premier écrit par Lénine (les « Thèses d'avril » de 1917), le second au moins surveillé par Mao (la « Décision en seize points » de 1966).

Les quatre chapitres du présent livre sont tous issus, après révision, modification et appropriation à la structure et au but de ce livre, d'interventions antérieures, soit écrites, soit orales. Les textes « événementiels » concernant les deux révolutions proviennent d'interventions faites au musée du Quai-Branly, dans le cadre des cycles de conférences dirigés par Catherine Clément. Les deux commentaires de textes proviennent de travaux préliminaires liés au livre de philosophie que je ferai paraître en septembre 2018, et qui a pour titre *L'Immanence des vérités*. Que les premiers soient encore ici ou là marqués par l'oralité, et les seconds par le style écrit de la théorie pure, ne fait, je l'espère, qu'accentuer leurs visées respectives.

Alain Badiou, Prague, le 14 avril 2018

I. Sur la révolution russe d'Octobre 1917

Il est toujours impressionnant de voir, dans le temps court d'une vie humaine, un événement historique vieillir, prendre des rides, se ratatiner, et puis mourir. Mourir, pour un événement historique, c'est quand l'humanité presque tout entière vous oublie. C'est quand, au lieu d'éclairer et d'orienter la vie d'une masse de gens, l'événement ne figure plus que dans des manuels d'histoire spécialisés, et encore. L'événement mort gît dans la poussière des archives.

Eh bien, je peux dire que, dans ma vie personnelle, j'ai vu sinon mourir, du moins agoniser, la révolution d'Octobre 1917. On me dira : vous n'êtes pas si jeune, après tout, et en plus vous êtes né vingt ans après ladite révolution. Elle a donc quand même eu une belle vie ! D'ailleurs, on parle partout de son centenaire.

Je répondrai ceci : pratiquement partout, ce centenaire, comme l'a déjà fait le bicentenaire de la Révolution française, masquera et manquera ce dont il était question dans cette révolution, la raison pour laquelle elle a enthousiasmé pendant au moins soixante ans des millions de gens, de l'Europe à l'Amérique Latine, de la Grèce à la Chine, de l'Afrique du Sud à l'Indonésie. Et aussi bien la raison pour laquelle, pendant le même temps, elle a terrorisé et contraint à des reculades importantes, partout dans le monde, la petite poignée de nos maîtres réels, l'oligarchie des propriétaires de capitaux.

Il est vrai que pour rendre possible la mort d'un événement révolutionnaire dans la mémoire des hommes, il faut en changer le réel, en faire une fable sanguinaire et sinistre. La mort d'une révolution s'obtient par une calomnie savante. En parler, en organiser le centenaire, oui ! Mais à condition de s'être donné de savants moyens de conclure : plus jamais ça !

Là encore, ce fut déjà le cas de la Révolution française. Les héros de cette révolution, Robespierre, Saint-Just, Couthon, furent présentés pendant des décennies comme des tyrans, des gens aigris et ambitieux, des assassins costumés. Même Michelet, un partisan affiché de la Révolution française, a voulu faire de Robespierre une figure de dictateur.

Notons au passage qu'il a fait là une invention dont il aurait dû déposer le brevet, car elle a fait fortune. Aujourd'hui, le seul mot de « dictateur » est un couperet qui remplace toute discussion. Qui sont, après Robespierre, Lénine, Mao, Castro, et même Chavez au Venezuela, ou Aristide à Haïti ? Des dictateurs. La question est réglée.

En fait, c'est avec toute une génération d'historiens communistes, en tête desquels Albert Mathiez, que la Révolution française a, littéralement, été ressuscitée, dans sa portée égalitaire et universelle, à partir des années vingt du dernier siècle. C'est donc grâce à la révolution russe de 1917 qu'on a pensé de façon à nouveau vivante et militante le moment fondamental de la Révolution française, celui qui portait l'avenir, à savoir la Convention montagnarde entre 1792 et 1794.

Comme quoi une vraie révolution est toujours aussi la résurrection de celles qui l'ont précédée : la révolution russe a ressuscité et la Commune de Paris de 1871, et la Convention robespierriste, et même la révolte des esclaves noirs à Haïti avec Toussaint Louverture, et même, remontant jusqu'au XVIe siècle, l'insurrection des paysans en Allemagne sous la direction de Thomas Müntzer, et même, remontant jusqu'à l'Empire romain, le grand soulèvement des gladiateurs et des esclaves sous la direction de Spartacus.

Spartacus, Thomas Müntzer, Robespierre, Saint-Just, Toussaint Louverture, Varlin Lissagaray et les ouvriers en armes de la Commune : autant de « dictateurs » calomniés et oubliés, dont les dictateurs Lénine, Trotsky, ou Mao Tsé-toung ont refait ce qu'ils étaient : des héros de l'émancipation populaire, des ponctuations de l'immense histoire qui oriente l'humanité vers le gouvernement collectif d'elle-même.

Aujourd'hui, c'est-à-dire depuis trente ou quarante ans, depuis la fin de la Révolution culturelle en Chine, ou encore depuis la mort de Mao en 1976, on a organisé la mort systématique de toute cette immense histoire. Le désir même d'y revenir est taxé d'impossible. On nous raconte tous les jours que renverser nos maîtres et organiser un devenir égalitaire mondial est une utopie criminelle et un sombre désir de dictature sanglante. Une armée d'intellectuels serviles s'est spécialisée, notamment hélas dans notre pays, la France, dans la calomnie contre-révolutionnaire et la défense acharnée de la domination capitaliste et impériale. Les chiens de garde de l'inégalité et de l'oppression des gens démunis, des pauvres, du prolétariat nomade, sont aux commandes partout. Ils ont inventé le mot « totalitaire » pour caractériser tous les régimes politiques animés par l'idée égalitaire. Quand l'on entend, à propos de la révolution russe, « totalitaire », il faut penser automatiquement que derrière, à peine caché, il y a « égalitaire ».

La vérité, c'est que cette révolution russe de 1917 a été tout ce qu'on veut sauf totalitaire. Elle a connu de très nombreuses tendances, surmonté des contradictions nouvelles, rassemblé et uni des gens extrêmement différents, des grands intellectuels, des ouvriers des usines, des paysans du fin fond de la toundra. Elle a traversé, au moins pendant douze ans, entre 1917 et 1929, des guerres civiles impitoyables et des discussions politiques passionnées. Elle a été l'exposition, non pas du tout d'une Totalité totalitaire, mais d'un extraordinaire désordre actif, traversé cependant par la lumière d'une idée, l'idée égalitaire.

Alors, évidemment, la révolution russe de 1917, sous les mots « dictature » et « totalitaire », ne pouvait qu'être méconnue et historiquement morte.

Pour comprendre quoi que ce soit à cette révolution, il faut donc oublier absolument tout ce qui se raconte là-dessus. Il faut revenir vers la très longue histoire des hommes, il faut montrer comment et pourquoi la révolution russe de 1917 en elle-même, dans sa simple existence, est un monument à la gloire de l'humanité à venir.

C'est pourquoi je voudrais commencer par un court récit de l'immense histoire de notre espèce, l'histoire de la bête humaine, l'histoire de cet animal étrange et dangereux, génial et effrayant, qu'on appelle l'homme, et que les philosophes grecs appelaient : le bipède sans plumes. Pourquoi le « bipède sans plumes » ? Parce que tous les gros animaux terrestres sont quadrupèdes, mais l'homme est bipède. Et tous les oiseaux sont bipèdes, mais ils ont tous des plumes, et l'homme n'en a pas. Donc, seul l'homme est un bipède sans plumes. La révolution russe d'Octobre 1917 a en tout cas été faite par une masse importante de bipèdes sans plumes.

Que dire de cette espèce animale, à laquelle nous appartenons tous, en dehors du fait historiquement peu éclairant qu'elle est composée de bipèdes sans plumes ?

Notons d'abord que c'est une espèce en réalité très récente, du point de vue de l'histoire générale de la vie sur notre petite et insignifiante planète. Pas plus en tout cas que deux cent mille ans, en comptant large, alors que le phénomène de l'existence d'êtres vivants se compte, lui, en centaines de millions d'années.

Quelles sont les caractéristiques les plus générales de cette espèce récente ?

Le critère biologique d'une espèce, et entre autres de notre espèce, c'est que l'accouplement d'un mâle et d'une femelle de ladite espèce peut être fécond. Or ceci se vérifie pour l'espèce humaine, à coup sûr fréquemment, et ce, quelles que soient la couleur, l'origine géographique, la taille, les pensées, l'organisation sociale des partenaires. C'est le premier point.

Par ailleurs, c'est le second point, la durée de la vie humaine, autre critère matériel, ne semble pas pour le moment pouvoir dépasser 130 ans, en comptant large. Mais ça nous permet déjà deux remarques certes très simples, qui, je crois, restent cependant fondamentales, y compris pour situer clairement la révolution russe d'Octobre 1917.

La première remarque, c'est que l'aventure cosmique, si l'on peut dire, de l'espèce humaine, de la bête humaine, est en réalité courte. C'est une chose difficile à se représenter parce que deux cent mille ans c'est déjà quelque chose qui se perd pour nous dans de vastes brumes, surtout au regard des malheureux cent ans et quelques qui bornent avec rigueur notre aventure personnelle. Néanmoins il faut quand même se souvenir de cette platitude : au regard de l'histoire générale de la vie, le temps d'existence de l'espèce *Homo sapiens* – homme sachant, savant, nous nous appelons comme ça, c'est assez prétentieux – est une aventure spécifique très courte. On peut donc soutenir que peut-être nous ne faisons que commencer, que nous sommes peut-être au tout début de cette aventure spécifique. Ceci pour fixer une échelle quant aux choses qui peuvent se raconter et se penser quant au devenir collectif de l'humanité. Les dinosaures, par, exemple, n'étaient pas très sympathiques, du moins selon nos critères, mais ils ont existé à une échelle proprement immense au regard de notre espèce. On la compte non pas en milliers d'années, mais en centaines de millions. Par rapport aux dinosaures, l'humanité, telle que nous la connaissons, peut se représenter elle-même comme une sorte de maigre début.

Début de quoi ? On sait que les participants à la Révolution française ont bel et bien pensé, eux, qu'ils étaient un commencement absolu. La preuve : ils ont changé le calendrier. Et dans le nouveau calendrier, l'an I était l'année de la création révolutionnaire de la République française. Pour eux, la République, la liberté, la fraternité, l'égalité, c'était un nouveau début de l'espèce humaine, après des millénaires de despotisme et de malheur pour les vies populaires. Et c'était un commencement, non pas seulement pour la France et les Français, mais bel et bien pour l'humanité tout entière. Du reste, pour les révolutionnaires de 1793, l'humanité et la France, ce n'était pas très différent. Dans la Constitution de 1793, on affirme par exemple que quiconque dans le monde s'occupe d'un orphelin ou prend en charge un vieillard doit être considéré comme un citoyen de la République. On a déjà cette conviction qu'avec la Révolution, l'humanité change, qu'elle n'a plus la même définition.

Et la révolution russe ? Eh bien elle a aussi pensé qu'elle commençait une nouvelle étape pour l'espèce humaine, l'étape communiste, l'étape dans laquelle l'humanité totale, au-delà des pays et des nations, s'organiserait elle-même pour décider en commun de ce qui a pour elle une valeur commune. « Communisme », c'est l'affirmation que ce qui est commun à tous les hommes doit être l'objet incessant de la pensée, de l'action, de l'organisation.

Voilà pour notre première remarque : l'espèce humaine, peut-être, ne fait que commencer à être elle-même. Et peut-être sous le mot de « révolution », et notamment de « révolution de 1917 », il faut entendre : commencement, ou recommencement, de l'histoire de l'espèce humaine.

La deuxième remarque, c'est qu'il existe un niveau matériel incontestable, de caractère biologique, celui de la reproduction de l'espèce, de la sexuation, de la naissance, où il est en quelque sorte prouvé que nous sommes tous les mêmes. Tous les mêmes, peut-être, à ce seul niveau. Mais à ce niveau qui existe et qui est matériellement assigné. Et puis il y a la question de la mort, qui survient dans des paramètres temporels à peu près fixes.

On peut donc dire, sans risque d'être démenti, qu'il y a une identité de l'humanité comme telle. Et en fin de compte, cette identité de l'humanité comme telle, il ne faut jamais, je dis bien « jamais », en oublier l'existence, quelles que puissent être naturellement les différences innombrables concernant les nations, les sexes, les cultures, les engagements historiques, etc. Il y a néanmoins une sorte de socle indubitable qui constitue l'identité de l'humanité comme telle. Quand les révolutionnaires chantaient, y compris en Russie, bien sûr, que « l'Internationale sera le genre humain », ils disaient qu'en effet le genre humain est fondamentalement unique. Marx l'avait déjà dit : les prolétaires, les ouvriers, les paysans, qui composent la majorité de l'humanité, partagent un sort commun, et doivent avoir, par-dessus toutes les frontières, une pensée et une action communes. Il le disait brutalement: «les prolétaires n'ont pas de patrie». Comprenons: leur patrie est l'humanité.

Ils doivent bien comprendre ça, tous ces jeunes qui partent du Mali, ou de la Somalie, ou du Bangladesh, ou d'ailleurs; qui veulent traverser les mers pour aller vivre là où ils pensent qu'on peut vivre, ce qu'ils ne peuvent plus faire dans leur pays; qui risquent cent fois la mort; qui doivent payer des passeurs brigands; qui traversent trois, ou dix pays différents, la Libye, l'Italie, la Suisse, ou la Slovénie, l'Allemagne ou la Hongrie; qui apprennent trois ou quatre langues, qui font trois ou quatre ou dix métiers. Oui, eux, ils sont le prolétariat nomade, et tout pays est leur patrie. Ils sont le cœur du monde humain d'aujourd'hui, ils savent exister partout où l'être humain existe. Ils sont la preuve que l'humanité est une, est commune. Et c'est pourquoi nous devons non seulement les accueillir comme des frères, mais comme une chance. Et nous organiser avec eux pour que l'humanité, enfin, commence sa vraie vie planétaire.

J'ajouterais un autre argument communiste. Il existe des preuves que la capacité intellectuelle de l'humanité est elle aussi invariable en tant que capacité.

Bien sûr il y a eu à ce jour, dans l'histoire de l'humanité, il y a entre 15 000 et 5 000 ans, *une* révolution fondamentale, de loin la plus importante dans toute l'histoire de la bête humaine. On l'appelle la révolution néolithique. En un temps qui se compte en quelques millénaires, l'humanité, qui existait, telle que nous la connaissons, depuis bien plus de 100 000 ans, a inventé l'agriculture sédentaire, le stockage des céréales dans la poterie, donc la possibilité de disposer d'un surplus de nourriture, donc l'existence d'une classe de gens nourris par ce surplus et dispensés de leur participation directe aux tâches productives, donc l'existence de l'État, renforcée par celle des armes métalliques, donc aussi l'écriture destinée primitivement à dénombrer les producteurs de bétail et à prélever les impôts. Et dans ce contexte la conservation, la transmission et le progrès des techniques de toute nature se sont trouvés très vivement stimulés. On a vu apparaître de grandes villes, et aussi un puissant commerce international, par terre et par mer.

Au regard de ce changement, qui a eu lieu il y a quelques millénaires, tout autre changement est en vérité secondaire pour l'instant, parce que, d'une certaine manière, nous restons encore dans les paramètres qui ont été institués à cette époque. Notamment l'existence de classes dominantes et oisives, l'existence d'un État autoritaire, l'existence d'armées professionnelles, l'existence de guerres entre nations, tout ça nous situant bien au-delà des petits groupes de chasseurs-cueilleurs qui représentaient l'humanité antérieurement. Nous sommes encore à l'intérieur de ces paramètres. La vérité est que nous sommes des néolithiques.

Cependant, cette révolution ne signifie pas que, du point de vue de la capacité intellectuelle, nous soyons supérieurs aux êtres humains d'avant la révolution néolithique. Il faut nous souvenir de l'existence des peintures pariétales comme celles de la grotte Chauvet, qui datent de trente-cinq mille ans, époque où très probablement n'existent encore que de petits groupes de chasseurs-cueilleurs, bien antérieurs à la révolution néolithique. La seule existence de ces peintures atteste que la capacité réflexive, contemplative, idéalisante, de la bête humaine, ainsi que sa virtuosité technique sont déjà exactement ce qu'elles sont aujourd'hui.

Ce n'est donc pas seulement au niveau biologique et matériel que l'identité humaine, à travers son aventure, doit être affirmée, mais sans doute aussi au niveau de ce dont elle est intellectuellement capable. Cette unicité fondamentale, ce « Même » biologique et mental, a toujours été l'obstacle fondamental des théories selon lesquelles l'humanité n'est pas la même, théories selon lesquelles il existe des sous-espèces fondamentalement différentes, généralement nommées des races. Les racistes ont toujours redouté et proscrit les relations sexuelles, pour ne rien dire du mariage, entre les membres des races qu'ils appelaient supérieures et ceux des races qu'ils déclaraient inférieures. Ils ont fait des lois terribles pour que les Noirs n'aient jamais accès aux femmes blanches, ou les Juifs aux femmes prétendument aryennes. Alors cette obsession repérable dans l'histoire des courants racistes tentait de nier l'évidence, à savoir l'unité primordiale de l'humanité, et s'est d'ailleurs étendue à d'autres différences, comme les différences sociales. On sait très bien qu'*in fine* une femme de la classe dominante ne devait pas épouser, ni même avoir un lien sexuel, et encore moins des enfants, avec un homme des classes laborieuses. Les maîtres ne devaient pas reproduire l'espèce avec les esclaves, etc. Autrement dit, il y a quand même eu de longues époques où l'affirmation de l'unité de l'espèce constituait un scandale social.

La révolution russe de 1917, dans le sillage de la Révolution française, a voulu établir pour toujours le règne égalitaire de l'espèce humaine. Elle a voulu sortir du néolithique.

Mais le point sans doute le plus essentiel aujourd'hui porte sur l'organisation sociale dominante. Organisation sociale dominante, à vrai dire d'autant plus dominante, qu'elle s'est emparée aujourd'hui de la totalité de l'aventure humaine, de la totalité de l'espace mondial. Elle s'appelle le capitalisme, c'est son nom propre, et elle organise des formes monstrueuses d'inégalité, et donc d'altérité, à l'intérieur de l'unité de principe de l'espèce humaine, qu'elle peut très bien par ailleurs revendiquer.

Il y a là-dessus des statistiques bien connues, mais que je répète souvent parce qu'il faut les connaître. En réalité, on peut résumer ça en une phrase : une oligarchie mondiale très restreinte laisse aujourd'hui pratiquement en dehors de la possibilité de simple survie des milliards d'êtres humains, qui errent dans le monde à la recherche d'un lieu où travailler, nourrir une famille, etc.

Alors peut-être que là se joue le fait que l'humanité n'est qu'au tout début de son existence historique. Entendons par là que son organisation dominante, au niveau de la socialité, au niveau de ce qu'est l'humanité pratique, l'humanité réelle, est encore extrêmement faible. Que l'humanité soit encore néolithique signifie ceci : il n'est pas encore vrai que l'humanité, dans ce qu'elle produit, fait et organise, soit en quelque manière à la hauteur de son unité principielle. Nous devons penser et affirmer que destin réel de l'humanité consiste à expérimenter et à réaliser des figures d'existence collective qui soient à la hauteur du principe de son unité fondamentale. Peut-être sommes-nous simplement dans des étapes tâtonnantes et encore approximatives de ce projet.

Sartre a dit une fois que si l'humanité s'avérait incapable de réaliser le communisme – c'est l'époque où on utilisait ce mot innocemment, si je puis dire –, alors on pourrait dire, après sa disparition, qu'elle n'a pas eu beaucoup plus d'intérêt ou d'importance que les fourmis. On voit bien ce qu'il voulait dire – l'économie hiérarchique collective des fourmis est connue comme un modèle d'organisation despotique –; il voulait dire que si on surplombe l'histoire de l'humanité avec l'idée que l'humanité devrait et pourrait produire une organisation sociale à la hauteur de son unité fondamentale, c'est-à-dire produire une affirmation consciente d'elle-même comme espèce unifiée, alors l'échec total de cette entreprise renverrait l'humanité à une figure animale parmi les autres, à une figure animale qui continue à être sous la loi de la lutte pour la survie, de la concurrence des individus et de la victoire des plus forts.

Disons-le autrement. On peut penser qu'il est certain qu'il doit y avoir, qu'*il faut qu'il y ait, dans les siècles en cours, ou s'il le faut les millénaires en cours, et à une échelle que nous ne pouvons pas déterminer, une seconde révolution après la révolution néolithique.* Une révolution qui serait, par son importance, à la hauteur de la révolution néolithique, mais qui, dans l'ordre propre de l'organisation immanente de la société, restituerait l'unité primordiale de l'humanité.

La révolution néolithique a doté l'humanité de moyens de transmission, d'existence, de conflits et de connaissances sans précédent, mais elle n'a pas supprimé, bien loin de là, à certains égards elle a aggravé, l'existence des inégalités, des hiérarchies, et des figures de violence et de pouvoir qu'elle a portées, aussi, à une échelle sans précédent. Cette seconde révolution – nous la définissons ici de manière très générale, nous sommes à un niveau prépolitique si je puis dire – restituerait à l'unité de l'humanité, cette unité indubitable, le pouvoir sur son propre destin. L'unité de l'humanité cesserait d'être seulement un fait pour devenir en quelque manière une norme, l'humanité ayant à affirmer et à réaliser sa propre humanité, au lieu, tout au contraire, de la faire exister dans la figure des différences, des inégalités, et des fragmentations de tous ordres, nationales, religieuses, linguistiques, etc. La deuxième révolution liquiderait le motif, en réalité criminel au regard de l'unité de l'humanité, de l'inégalité des richesses et des modes de vie.

On peut dire que depuis la Révolution française de 1792-94, les tentatives en direction d'une égalité réelle n'ont pas manqué, sous divers noms, démocratie, socialisme, communisme. On peut aussi considérer que la victoire temporaire actuelle d'une oligarchie capitaliste mondiale est un échec de ces tentatives, mais on peut penser que cet échec est provisoire et ne prouve rien, si on se situe naturellement à l'échelle de l'existence de l'unité de l'humanité comme telle. Un tel problème ne relève pas de la prochaine élection – rien n'en relève d'ailleurs –, il est à échelle des siècles. Et au fond sur ce point il n'y aurait rien d'autre à dire que « nous avons échoué, alors continuons le combat ».

Cependant, et ce point nous amène à considérer de près la révolution russe d'Octobre 17, il y a échec et échec. Ma thèse est alors la suivante *: la révolution russe a montré, pour la première fois dans l'Histoire, qu'il était possible de réussir.* On peut toujours dire qu'au long cours, au bout de quelques dizaines d'années, elle a échoué. Mais elle a incarné, et doit incarner dans notre mémoire, sinon la victoire, du moins la possibilité de la victoire. Disons que la révolution russe a montré la possibilité de la possibilité d'une humanité réconciliée avec elle-même.

Mais de quelle victoire s'agit-il exactement ?

Ce n'est que très tardivement, il y a au plus quelques siècles, que vint, au cœur de la discussion politique, la question du fondement économique des États, de leur nature de classe. On a alors pu soutenir, voire démontrer, que derrière la forme de l'État (pouvoir personnel ou démocratie) pouvait parfaitement se loger la même organisation sociale oppressive et discriminatoire, dans laquelle les décisions étatiques les plus importantes concernent invariablement la protection de la propriété privée sans limite assignable, sa transmission familiale, et en définitive le maintien, tenu pour naturel et inévitable, d'inégalités proprement monstrueuses.

Dans notre pays, qui est un pays privilégié, et qui se vante de sa démocratie, nous savons de source officielle que moins de 10 % de la population possède un patrimoine supérieur à 50 % du patrimoine total ! Nous savons aussi que plus de la moitié de la population ne possède en réalité rien du tout. Si on passe à l'échelle du monde entier, les choses sont pires : quelques centaines de personnes possèdent un patrimoine égal à celui de trois milliards d'autres. Et plus de deux milliards d'êtres humains ne possèdent rien du tout.

Quand cette question de la propriété privée et des inégalités monstrueuses qu'elle entraîne est devenue plus claire, il y a eu des tentatives révolutionnaires d'un tout autre ordre que celles qui ne mettaient en jeu que la forme du pouvoir politique. Ces tentatives visaient à changer le monde social tout entier. Elles visaient à instaurer une égalité réelle. Elles voulaient voir arriver à la direction de la société les ouvriers et les paysans, les pauvres, les démunis, les méprisés. Le chant de ces insurrections s'appelait *L'Internationale.* Il disait : « nous ne sommes rien, soyons tout ». Il disait : « le monde doit changer de base ». Tout le XIXe siècle a été marqué par les échecs, souvent sanglants, des tentatives ainsi orientées. La Commune de Paris, avec ses trente mille morts sur le pavé de Paris, reste le plus glorieux de ces désastres. Elle avait inventé, sous le nom de « Commune », un pouvoir égalitaire. Mais au bout de quelques semaines, l'armée du pouvoir central réactionnaire entra dans Paris et en dépit d'une résistance acharnée dans les quartiers populaires de la ville, massacra sans merci les ouvriers révoltés et emprisonna et déporta des milliers de révoltés. L'échec continuait sa ronde funèbre.

Il est temps alors de rappeler ceci : quand la révolution russe dura plus longtemps, d'un seul jour, que la Commune de Paris, le principal dirigeant de cette révolution, Vladimir Oulianov Lénine, dansa sur la neige. Il avait conscience que, quelles que soient les terribles difficultés à venir, la malédiction des échecs était levée !

Que s'était-il passé ?

D'abord, nous avions, dès les années 1914-1915, un important affaiblissement de l'État central despotique russe, engagé imprudemment dans la Grande Guerre de 14-18. En fait, la guerre mondiale a ouvert en Russie une grave crise du pouvoir monarchique. En février 1917, une révolution, classiquement démocratique, renverse cet État. Il n'y a rien là de nouveau : de grands pays comme la France, l'Angleterre, l'Allemagne, avaient déjà mis en place, parfois depuis longtemps, des régimes parlementaires, avec élection des gouvernants. En un sens, la situation russe, avec le despotisme du tsar et le pouvoir aristocratique des propriétaires fonciers, était retardataire. Mais cette révolution démocratique n'arrête pas le mouvement. Il y a en Russie, depuis des années, des groupes intellectuels révolutionnaires très actifs, qui voient plus loin que la simple imitation des démocraties de l'Ouest. Il y a une jeune classe ouvrière en formation, très portée à la révolte et sans encadrement syndical conservateur. Il y a une énorme masse de paysans extrêmement pauvres et opprimés. Il y a, à cause de la guerre, des centaines de milliers de soldats et de marins en armes, qui détestent cette guerre, dont ils pensent avec raison qu'elle sert surtout les intérêts impérialistes de la France et de l'Angleterre contre les ambitions non moins impérialistes de l'Allemagne. Il y a enfin un parti révolutionnaire solide, vivant, et très lié aux ouvriers. Ce parti s'appelle le parti bolchevique. Il est à la fois très vif dans les discussions, et cependant plus discipliné et actif que tous les autres. Il est très minoritaire au début de la guerre, mais il se développe très rapidement avec la crise politique. Il est très présent dans la jeune classe ouvrière russe. À sa tête, nous trouvons des gens comme un Lénine et un Trotski combinant une forte culture marxiste et une longue expérience militante hantée par les leçons de la Commune de Paris. Il y a enfin, et surtout, créées dans le mouvement de la révolution démocratique de Février, des organisations populaires locales, qui sont apparues partout, dans les grandes villes, dans les usines, dans certaines bourgades rurales. Ces organisations fonctionnent sur le mode du meeting, de la grande réunion massive, où on écoute des orateurs qui présentent la situation et les diverses orientations possibles. Ces assemblées populaires, très différentes les unes des autres, très vivantes, ont leurs objectifs propres. Mais toutes pensent que les décisions politiques, sociales, doivent être débattues et validées dans ces assemblées, et non uniquement dans un gouvernement lointain et timoré, qui se prétend démocratique, mais qui continue à protéger le vieux monde russe. Elles s'appellent, ces organisations, les soviets. La combinaison de la force inventive et disciplinée du parti bolchevique et des assemblées de démocratie de masse que sont les soviets constitue la clef, après la révolution de Février 1917, de la deuxième révolution, à l'automne 1917.

Ce qui est à cette date unique dans l'histoire de l'humanité est la transformation d'une révolution qui vise seulement à changer le régime politique, à changer la forme de l'État, en une révolution tout à fait différente, qui vise à changer l'organisation de la société tout entière, en brisant l'oligarchie économique et en confiant la production, aussi bien industrielle qu'agricole, non plus à la propriété privée de quelques-uns, mais à la gestion décidée par tous ceux qui travaillent.

Ce projet, qui va devenir une chose réelle dans la tempête terrible de la révolution, russe, la prise du pouvoir, la guerre civile, le blocus, l'intervention étrangère, il faut voir qu'il a été voulu et organisé. L'idée générale de tout cela a pu vaincre parce qu'elle était présente, de façon consciente et volontaire, dans la majorité du parti bolchevique bien sûr, mais à partir de la fin de l'été 1917, dans la majorité des soviets, et notamment du plus important d'entre eux, le soviet de la capitale, Petrograd.

Un exemple saisissant est contenu, dès le printemps 1917, dans le programme général que Lénine fait circuler dans le Parti, pour qu'il anime les discussions partout dans le pays. Toutes les composantes de ce programme, de cet ensemble de décisions possibles, sont orientées vers l'idée d'une révolution complète et globale de tout ce qui existait en fait depuis le néolithique. Ce texte est si remarquable que j'en présente un commentaire détaillé dans le deuxième chapitre du présent livre. C'est un texte où Lénine présente ce qu'il faut faire dans la situation de la Russie, compte tenu et de la guerre mondiale, qui continue, et de la révolution de Février. Or, ce « faire », et la pensée qui l'accompagne, placent au cœur du processus à venir les éléments fondamentaux d'une sortie du néolithique : collectivisation des propriétés agraires, industrielles ou bancaires, et fin de l'État centralisé. Quant au style politique, bien loin du « volontarisme » violent qu'on a attribué à Lénine, il est fait de patience, de discussion, de persuasion. C'est un style politique fondé sur la patience et la durée, au moment même où il s'agit de faire basculer la situation d'une séquence de révolution bourgeoise classique à une séquence entièrement neuve de bouleversement intégral de l'organisation sociale.

Et de fait, c'est bien parce que cette orientation générale, fixée en avril, deviendra au début d'octobre majoritaire dans les grands soviets ouvriers, notamment le soviet de Pétrograd, que la situation pourra basculer dans la direction d'une insurrection communiste victorieuse.

Sur ces bases, et à travers de gigantesques épreuves liées à la situation particulière de la Russie, il y a en effet, à partir d'Octobre 17, *la première victoire, dans toute l'histoire de l'humanité, d'une révolution postnéolithique*.

Certes, on peut remarquer que l'insurrection d'Octobre elle-même, la prise du pouvoir, a plutôt été une initiative du parti communiste qu'une décision massive des soviets ; que la guerre civile a contraint le pouvoir révolutionnaire à une concentration et à une discipline souvent violente ; on sait qu'au début des années vingt, Lénine, malade, s'inquiète vivement de cet état de choses, et voudrait, selon sa propre expression, que la bureaucratie d'État soit soumise au contrôle de ce qu'il appelle une « inspection ouvrière et paysanne ». On sait qu'à partir du début des années trente, à partir singulièrement, en 1929, sous la direction implacable de Staline, du premier plan quinquennal, on passe dans les faits de « tout le pouvoir aux soviets » à « tout le pouvoir à la fusion complète du parti communiste et de l'État », et donc à la disparition du pouvoir des soviets. Cette transformation de la forme de pouvoir prépare, de loin, mais prépare, une industrialisation certes très nécessaire et très rapide, mais finalement liée au travail forcé, aux déportations et à la Terreur, qui atteindra son comble en 1937-38. Mais elle prépare aussi, après la mort de Staline, la stagnation dans le rôle officiel de grande puissance mondiale, puis le retour, en forme de catastrophe, dans le giron du capitalisme et du marché mondial.

D'où que tout cela est désormais exposé à la mort historique, à l'oubli concerté. Désormais la révolution russe est jugée du point de vue du retour au consensus néolithique.

Cependant quels qu'aient été ces avatars de cette aventure inouïe, et quelle que soit la situation présente de reprise en main mondiale par les cliques néolithiques contemporaines, nous pouvons savoir que la possibilité de la victoire d'un monde postnéolithique est possible. Qu'un tel monde peut exister, et donc doit exister. Et que, par conséquent, la domination actuelle du capitalisme global n'est jamais qu'un retour en arrière sans intérêt ni avenir. Cette domination de la forme moderne de la propriété privée qu'est le capitalisme n'a mené au XXe siècle et ne mènera au XXIe siècle qu'à des guerres féroces, faisant des dizaines de millions de morts. Le capitalisme, c'est la mort. La révolution communiste d'Octobre 1917 est, à l'échelle du devenir de l'humanité, le commencement de la vie. Cette révolution demeure ce à partir de quoi nous savons qu'en dépit des apparences passagères, le capitalisme dominateur est déjà, et pour toujours, une chose du passé. Notre devoir est d'habiter ce passé, qu'on nous impose, pour y construire la demeure politique d'un vrai présent, d'une vraie vie, celle qui reste tournée vers la deuxième mutation, la mutation postnéolithique. De ce présent vivant qui lutte contre la mort, la révolution russe demeure un emblème, qui, si passé qu'il puisse apparaître n'en est pas moins, lui, contre la mort, tourné vers l'avenir.

II. Les «Thèses d'avril» de Lénine : une œuvre politique

1. Introduction

L'ambiguïté du mot «politique» résulte de ce qu'il recouvre des sens très différents, qu'on peut toutefois rassembler, en gros, sous deux déterminations finalement opposées.

Le sens encore aujourd'hui dominant est que la politique désigne tout ce qui a trait à l'exercice de l'autorité, qu'il s'agisse des modalités de la conquête du pouvoir, de la gestion des affaires publiques, des différents niveaux de cette gestion (national, provincial, municipal...), ou encore de l'existence de partis politiques et de l'exercice réglé d'une opposition qui prétend elle aussi au pouvoir. Tout cela peut être synthétisé dans un dispositif constitutionnel, et l'est dans le cas de toutes les puissances impériales «occidentales». Bien entendu, font partie de ce domaine les questions décisives de l'armée, de la police et de l'appareil judiciaire. Même une forme institutionnelle de syndicalisme peut participer de cette définition. Le résultat le plus constant de cette orientation quant au mot «politique» est l'existence, sous diverses formes, d'un ensemble de politiciens professionnels et d'administrations spécialisées, qui constitue l'armature de l'appareil d'État. En résumé, la définition serait alors la suivante : la politique est l'ensemble des processus qui concernent la maîtrise et la gestion de l'appareil d'État. Cette définition semble convenir pour toutes les formes qu'ont revêtues les États depuis leur apparition, il y a trois ou quatre mille ans, des monarchies impériales chinoise et égyptienne jusqu'aux États « démocratiques » modernes. Si on en reste à cette définition, il faudra conclure que la politique est d'autant plus enfermée dans la finitude que, depuis Marx, nous savons que son motif central, l'État, appareil dont la clôture constructive purement finie est évidente, n'est lui-même que le représentant, dans le champ politique, de puissances privées que désigne non un quelconque suffrage, ni même quelque exploit militaire, mais uniquement l'étendue de leurs biens.

C'est récemment, avec la Révolution française, puis les différentes orientations critiques que constituent les courants communistes, socialistes et anarchistes, qui apparaissent dès la première moitié du XIXe siècle, que le mot « politique » a pu prendre, de façon encore aujourd'hui séquentielle et mal stabilisée, un autre sens : la politique est alors définie par une division des populations autour de ce qui constitue son objectif. S'agit-il de la moins mauvaise gestion possible de l'ordre existant ? Ou de la transformation complète de cet ordre en vue d'une justice supérieure ? En un sens, dans cette définition, *la politique se présente en fait comme une discussion non consensuelle sur la politique elle-même.* Il ne s'agit pas de la différence entre une majorité et une opposition dans les arcanes de l'État, différence pacifique, fondée sur un accord latent concernant la société et ses institutions. Il s'agit d'un discord intrapopulaire majeur, irréconciliable, quant aux buts et aux moyens mis en œuvre. Du coup, l'espace de la politique est celui de l'existence effective de deux voies opposées.

Ma thèse sera que *seule la seconde définition autorise qu'on puisse parler d'œuvres politiques, au sens d'une création intellectuelle et pratique, et qu'il devienne en conséquence légitime d'identifier des moments « œuvrés », où une politique, même purement locale, prend une valeur universelle.*

2. Un exemple : Lénine en avril 1917

Pour faire comprendre de quoi il s'agit, prenons l'exemple d'une circonstance précise : le printemps 1917, quand un mouvement de masse, en février, a renversé le régime tsariste en Russie, et que Lénine écrit ce qu'il pense de la situation et de ce qu'il convient d'y faire pour que la politique dont il est un des organisateurs devienne une réalité historique et commence à exister comme telle à l'échelle du pays tout entier – et peut-être même, pense-t-il, de l'Europe tout entière.

Le contenu de la pensée de Lénine, ce qu'elle prescrit, est la transformation d'une révolution en une autre révolution, à travers l'affrontement – imposé à tous les acteurs de la situation – des deux sens du mot « politique ». La révolution de Février, qui se poursuit, ne vise qu'à changer la forme de l'État, et « politique » prend ici le premier de ses deux sens possibles : il s'agit de substituer au mode de domination monarchique, désormais obsolète, le modèle parlementaire « démocratique » moderne, celui des grandes puissances impérialistes, singulièrement l'Angleterre, l'Allemagne et la France. La position de Lénine consiste alors à diviser le processus révolutionnaire, en proposant de le continuer partout, mais selon une vision tout à fait différente, inspirée du second sens du mot politique : changer l'organisation de la société tout entière, en brisant l'oligarchie économique et en confiant la production, aussi bien industrielle qu'agricole, non plus à la propriété privée de quelques-uns, mais à la gestion décidée par tous ceux qui travaillent.

Cette révolution dans la révolution, cette division de la politique en deux politiques antagoniques, y compris quant au sens du mot, va devenir réelle dans la tempête terrible de son processus en Russie, à savoir, prise du pouvoir, guerre civile, blocus, intervention étrangère. Et c'est ce processus qui construit une œuvre politique, dont le nom ordinaire est « Révolution de 1917 », œuvre dont on peut considérer qu'elle est achevée en tout cas en 1929, au moment du lancement par Staline du premier plan quinquennal.

L'idée générale de la deuxième politique a pu vaincre parce qu'elle était présente, de façon consciente et volontaire, selon ce qu'il importe d'appeler une *conscience politique*, chez Lénine bien sûr, dans la majorité du parti bolchevique, mais aussi parce qu'elle l'est devenue, à la fin de l'été 1917, dans la majorité des organes de masse, des organes populaires issus de la révolution de Février, des conseils ouvriers (en russe, « soviets ») et notamment du plus important d'entre eux, le Soviet de la capitale, Petrograd.

Il se trouve qu'une sorte de sommaire de ce que signifie cette conscience politique est contenu dans le programme général que Lénine fait circuler, dès avril 1917, dans le parti, pour qu'il anime les discussions partout dans le pays, et singulièrement dans les soviets. On voit immédiatement qu'à ses yeux le soviet est le lieu privilégié pour y constituer la lutte, non entre deux variantes de la même conception de la politique, mais entre deux conceptions opposées de la politique elle-même.

Lénine présente ce qu'il faut faire dans la situation de la Russie, compte tenu et de la guerre mondiale, qui continue, et de la révolution de Février, dont les principes bourgeois, démocratiques et parlementaires – donc relevant la politique au premier sens du mot – continuent à dominer l'opinion. Cela donne des « thèses », dix « thèses », qui furent ensuite, partout dans le monde, connues, expliquées et commentées, sous le nom de « Thèses d'avril ». Le contenu de ces thèses est, dans la situation russe, comme le bréviaire de la possibilité politique, au deuxième sens.

Thèse 1 : Il faut trouver le moyen de se retirer de la guerre. Le peuple n'a rien à y faire qu'à y mourir, parce que, dit Lénine, la guerre est « une guerre impérialiste de brigandage en raison du caractère capitaliste de ce gouvernement », en l'occurrence, le prétendu gouvernement démocratique issu de la révolution de Février. C'est en 1917 une thèse de portée mondiale : il importe d'organiser le refus de participation aux guerres de conquête, aux guerres coloniales, aux guerres de brigands entre puissances impérialistes et de proclamer le refus catégorique du chauvinisme et du nationalisme guerrier.

Thèse 2 : Elle caractérise la situation d'ensemble en Russie : *Ce qu'il y a d'original dans la situation actuelle en Russie, c'est la transition de la première étape de la révolution, qui a donné le pouvoir à la bourgeoisie [...], à sa deuxième étape, qui devra donner le pouvoir au prolétariat et aux couches pauvres de la paysannerie*. La politique au deuxième sens doit donc l'emporter, au sein du peuple, sur la politique au premier sens. Cette thèse demeure, aujourd'hui encore, comme une sorte de commandement général concernant la sortie de la politique en son premier sens, enclose dans une finitude dont le centre est l'État, vers la politique en son second sens, où le mot « pouvoir » désigne l'action égalitaire des masses populaires et de leurs organisations.

Thèse 3 : Aucun soutien au gouvernement provisoire. Cette thèse aussi a une portée générale : on ne doit pas, pour des raisons de conjoncture (par exemple la guerre), accepter de soutenir le vieux régime politique, sous quelque forme que ce soit. La politique révolutionnaire doit créer sa propre indépendance, mentale et pratique, au regard de l'État dominant. Ou encore : toujours se souvenir que les deux sens du mot « politique » créent dans l'opinion une contradiction de nature antagonique.

Thèse 4 : C'est une thèse qui recommande la lucidité. Il faut reconnaître, insiste Lénine, que notre orientation est minoritaire, notamment dans les assemblées populaires, dans les soviets. Le travail politique est donc un permanent travail de discussion, d'explication, qui consiste à déployer dans les masses, dans les soviets, ce que Mao appellera les « contradictions au sein du peuple », de manière à créer pacifiquement, de l'intérieur du mouvement, une orientation neuve, un ralliement au deuxième sens du mot. Je cite

Lénine : *Notre tâche ne peut être que d'expliquer patiemment, systématiquement, opiniâtrement, aux masses, les erreurs de leur tactique, en partant essentiellement de leurs besoins pratiques. Tant que nous sommes en minorité, nous nous appliquons à critiquer et à expliquer les erreurs commises, tout en affirmant la nécessité du passage de tout le pouvoir aux soviets des députés ouvriers, afin que les masses s'affranchissent de leurs erreurs par l'expérience.*

Nous avons là une sorte de description du travail politique en vue d'une sortie de ce qui se répète sans interruption depuis la révolution néolithique, depuis le triomphe de la trilogie « famille, propriété privée, État ». Cette sortie s'oriente dans la direction d'un pouvoir sans précédent, un pouvoir qui ne soit plus celui d'un État séparé, mais celui des assemblées ouvrières et paysannes. Il s'agit donc de créer, écrit Lénine, *non pas une république parlementaire, mais une république des Soviets de députés ouvriers, salariés agricoles et paysans dans le pays tout entier, de la base au sommet.* Cette république entièrement neuve exige, dit la *thèse 5*, la suppression de la police, de l'armée, et du corps des fonctionnaires. Ces derniers seront élus et révocables, et leur traitement ne doit pas excéder le salaire moyen d'un bon ouvrier.

Thèses 6 à 8 : Elles constituent le programme général d'une révolution sans précédent depuis qu'existent les États, qui ont toujours été au service d'une oligarchie dominante. Il s'agit du dépassement du capitalisme, forme moderne – et sans doute ultime – de cette figure qui a duré plusieurs millénaires.

D'abord, on s'attaque à ce qui subsiste de l'ordre féodal, à savoir la grande propriété foncière. Ainsi : *Nationalisation de toutes les terres dans le pays, et leur mise à la disposition des soviets locaux de députés des salariés agricoles et des paysans.*

Ensuite, on brise la puissance financière du capital : *Fusion immédiate de toutes les banques en une banque nationale unique placée sous le contrôle des soviets des députés ouvriers.* Plus généralement : *Notre tâche immédiate est de passer tout de suite au contrôle de la production sociale et de la répartition des produits par les soviets de députés ouvriers.* Il s'agit bel et bien de donner son sens définitif à la formule de Marx dans le *Manifeste du parti communiste* : « Tout ce que nous disons dans ce livre peut se ramener à une seule phrase : abolition de la propriété privée. » Et ce qui, pour Marx, est un programme historique à longue portée devient, dans le mouvement de la révolution russe, « notre tâche immédiate ».

Thèses 9 et 10 : Elles concernent l'organisation politique, la nécessité de rénover immédiatement le programme du parti. Très significative est la proposition de changer son nom. Ce nom officiel était « parti social-démocrate ». Il faut désormais l'appeler « parti communiste ». Car c'est le communisme, la mise en commun, le pouvoir commun, donc la fin du règne multimillénaire de la propriété privée des moyens de production, qui est, à partir de la révolution russe, la tâche « immédiate ». Suite à quoi il faut évidemment créer une Internationale réellement communiste, réellement de l'époque des révolutions victorieuses, de l'époque du communisme, et il s'agit également d'une tâche immédiate.

Le devenir-majoritaire de ce programme a tout de même signifié un fait historique majeur : la première victoire durable d'une politique au deuxième sens du mot. En effet, nous avons là une révolution fondant un pouvoir dont le but affiché est la destruction du très vieux, très antique fondement de la société qui se prétend « moderne », la société capitaliste et bourgeoise, à savoir la dictature cachée de ceux qui possèdent les agencements financiers de la production, des échanges, de leurs familles héritières et de leurs complices d'État. Une révolution qui ouvre à *la fondation d'une nouvelle modernité.* Et le nom commun de cette nouveauté politique absolue, de cette existence réelle d'une politique au deuxième sens du mot, a été – et à mon avis demeure – « communisme ».

C'est sous ce nom que des millions de gens dans le monde, des gens de toutes sortes, depuis les masses populaires ouvrières et paysannes jusqu'aux intellectuels et aux artistes, l'ont reconnue et saluée avec un enthousiasme à la mesure de la revanche qu'elle constituait après les accablants échecs du siècle précédent. Maintenant, a pu déclarer Lénine, est venue – pour la première fois dans l'histoire de l'humanité – l'époque des révolutions victorieuses. Il a pu le dire au nom de l'œuvre politique « révolution d'Octobre 17 », nom qui convient, non pas seulement aux seules péripéties de l'année 1917, mais à une grosse dizaine d'années, entre 1917 et 1929.

III. La Révolution culturelle

1. Pourquoi ?

Pourquoi parler de la « Révolution culturelle » – nom officiel d'une longue période de troubles graves dans la Chine communiste, entre 1965 et 1976 ? Pour au moins trois raisons.

Première raison. La Révolution culturelle a été une référence constante et vivante de l'action militante dans le monde entier, et singulièrement en France, au moins entre 1967 et 1976. Elle fait partie de notre histoire politique, elle a fondé l'existence du courant maoïste, seule véritable création des années soixante et soixante-dix. Je peux dire « nous », j'en étais, et en un certain sens, pour citer Rimbaud, « j'y suis, j'y suis toujours ». Toutes sortes de trajectoires subjectives et pratiques ont trouvé, dans l'inlassable inventivité des révolutionnaires chinois, leur *nomination*. Déjà, changer de subjectivité, vivre autrement, penser autrement, les Chinois – puis nous – ont appelé ça la « révolutionnarisation ». Ils disaient : « changer l'homme dans ce qu'il a de plus profond ». Ils enseignaient que dans la pratique politique, on doit être à la fois, puisque l'ancienne vision du monde est toujours aussi présente en nous, « l'archer et la cible ». À la fin des années soixante, nous allions partout, dans les usines, dans les cités, à la campagne. Des dizaines de milliers d'étudiants devenaient prolétaires, ou habitaient dans les foyers ouvriers. Il y avait pour cela aussi les mots de la Révolution culturelle : les « grands échanges d'expérience », « servir le peuple », et, toujours essentiel : la « liaison de masse ». Nous luttions contre l'inertie brutale du PCF, son conservatisme violent. En Chine aussi on attaquait le bureaucratisme du Parti, cela s'appelait « lutter contre le révisionnisme ». Même les scissions, les affrontements entre révolutionnaires d'orientations différentes, se disaient à la chinoise : « débusquer la bande noire », en finir avec ceux qui sont « de gauche en apparence et de droite en réalité ». Lorsque nous débarquions dans une situation politique populaire, grève d'usine ou affrontement avec les gérants fascisants des foyers, nous savions qu'il fallait « exceller à découvrir la gauche prolétarienne, rallier le centre, isoler et écraser la droite ». Le « petit livre rouge » de Mao a été notre guide, non pas du tout, comme les sots le disent, à des fins de catéchisation dogmatique, mais, tout au contraire, pour nous éclairer et inventer des voies nouvelles dans toutes sortes de situations disparates antérieurement inconnues de nous. Sur tout cela, n'étant pas de ceux qui couvrent leur abandon et leur ralliement à la réaction établie de références à la psychologie des illusions ou à la morale des fourvoiements, nous ne pouvons que citer nos sources, et rendre hommage aux révolutionnaires chinois.

Deuxième raison. La Révolution culturelle est l'exemple type (encore une notion du maoïsme, l'exemple type : une trouvaille révolutionnaire qu'il faut généraliser) d'une expérience politique qui sature la forme du parti-État. J'emploie ici la catégorie de « saturation » au sens que lui donnait à l'époque Sylvain Lazarus : je tenterai de démontrer que la Révolution culturelle est la dernière séquence politique significative encore interne au parti-État (en l'occurrence le Parti communiste chinois), et s'y échouant. Déjà, Mai 68 et ses suites, c'est un peu autre chose. Le mouvement polonais ou le Chiapas, c'est autre chose. Mais sans la saturation des années soixante et soixante-dix, il n'y aurait encore rien de pensable, hors le spectre du, ou des partis-États.

Troisième raison. La Révolution culturelle est une grande leçon sur l'éternel sujet : histoire et politique ; sur l'histoire pensée à partir de la politique (et non l'inverse). Selon en effet qu'on examine cette « révolution » (le mot lui-même est au cœur de la saturation) selon l'historiographie dominante ou selon une question politique réelle, on arrive à des discordances saisissantes. Ce qui importe est de bien voir que la nature de cette discordance n'est pas dans le registre empirique ou positiviste de l'exactitude ou de l'inexactitude. Nous pouvons être d'accord sur les faits, et aboutir à des jugements parfaitement contraires. C'est précisément ce paradoxe qui va nous servir d'entrée en matière.

2. Récits

La version historiographique dominante a été mise au point par divers spécialistes, notamment des sinologues, dès les années soixante, et n'a pas varié depuis. Elle s'est trouvée consolidée de ce qu'elle est devenue, à mots couverts, la version officielle d'un État chinois dominé depuis 1976 par des rescapés et des revanchards de la Révolution culturelle, Deng Xiao Ping en tête, et bien évidemment ses successeurs, tous partisans de la restauration du capitalisme.

Que dit cette version ? Qu'en fait de révolution, il s'agissait d'une lutte pour le pouvoir dans les sommets de la bureaucratie du parti-État. Que le volontarisme économique de Mao, incarné par le mot d'ordre du « grand bond en avant », a été un échec complet au point d'entraîner le retour de la famine dans les campagnes. Que suite à cet échec, Mao est minoritaire dans les instances dirigeantes du Parti, et qu'impose sa loi un groupe « pragmatique » dont les personnalités dominantes sont Liu Xiao Xi (nommé alors président de la République), Deng Xiao Ping (secrétaire général du Parti) et Peng Chen (maire de Pékin). Que Mao a tenté, dès 1963, de mener des contre-offensives, mais qu'il a échoué dans les instances régulières du Parti. Qu'il a alors eu recours à des forces étrangères au Parti, soit externes (les gardes rouges étudiants) soit externes/internes, singulièrement l'armée, dont il a repris le contrôle après l'élimination de Peng Teh-huaï et son remplacement par Lin Piao. Qu'il y a eu alors, et ce, uniquement à cause de la volonté de Mao de reprendre le pouvoir, une situation chaotique et sanglante, sans que jamais, jusqu'à la mort du coupable (en 1976), on ne parvienne à une stabilisation.

On peut tout à fait convenir que rien, dans cette version, n'est à proprement parler inexact. Mais rien non plus ne prend le sens véritable que lui donne, seule, la compréhension politique des épisodes, leur concentration dans une pensée encore active aujourd'hui.

Première remarque : Aucune stabilisation ? Certes. Mais c'est qu'il s'est avéré impossible de déployer la nouveauté politique dans le cadre du parti-État. Ni la liberté créatrice la plus étendue des masses étudiantes et ouvrières (entre 66 et 68), ni le contrôle idéologique et étatique de l'armée (entre 68 et 71), ni le règlement au coup par coup des questions dans un bureau politique où s'affrontent des tendances antagoniques (entre

72 et 76) n'ont permis que les idées révolutionnaires s'installent et qu'une situation politique toute nouvelle, entièrement détachée du modèle soviétique, puisse enfin voir le jour à échelle d'ensemble.

Deuxième remarque : Le recours à des forces extérieures ? Certes. Mais ce recours tentait d'obtenir, et a eu pour effet, aussi bien à court qu'à moyen terme, et peut-être encore aujourd'hui, une désintrication partielle du Parti et de l'État. Il s'agissait de ruiner, au moins dans la durée d'un mouvement gigantesque, le formalisme bureaucratique. Que l'on ait du même coup provoqué l'anarchie des factions désigne une question politique essentielle des temps qui viennent : qu'est-ce qui fonde l'unité d'une politique, si elle n'est pas directement garantie par l'unité formelle de l'État ?

Troisième remarque : Une lutte pour le pouvoir ? Évidemment. Il est assez ridicule de l'opposer à « révolution », puisque, précisément, on ne peut entendre par « révolution » que l'articulation de forces politiques antagoniques sur la question du pouvoir. Au demeurant, les maoïstes ont constamment cité Lénine, pour qui, explicitement, la question de la révolution est en dernier ressort celle du pouvoir. Le vrai problème, très complexe, serait plutôt de savoir si la Révolution culturelle ne met pas fin, précisément, à la conception révolutionnaire de l'articulation entre politique et État. Ce fut en vérité sa grande question, son débat central et violent.

Quatrième remarque : Le « grand bond en avant », un échec cruel ? Oui, à beaucoup d'égards. Mais cet échec résulte d'un examen critique de la doctrine économique de Staline. Il n'est nullement à mettre au compte d'un traitement uniforme des questions relatives au développement des campagnes par le « totalitarisme ». Mao a examiné sévèrement (de nombreuses notes écrites en témoignent) la conception stalinienne de la collectivisation et son insondable mépris des paysans. Son idée n'était nullement de collectiviser de façon violente et forcée, pour assurer à tout prix l'accumulation dans les villes. Elle était, tout au contraire, d'industrialiser sur place les campagnes, de les doter d'une relative autonomie économique, de façon à éviter la prolétarisation et l'urbanisation sauvages qui ont pris, en URSS, l'allure d'une catastrophe. En vérité, Mao suivait l'idée communiste d'une résolution effective de la contradiction entre les villes et les campagnes, et non celle d'un effacement violent des campagnes au profit des villes. Si échec il y a, il est de nature politique, et c'est un tout autre échec que celui de Staline.

En définitive, il faut affirmer que la même description abstraite des choses n'aboutit nullement à la même pensée, si elle opère selon des axiomes politiques différents.

3. Dates

La querelle est tout aussi évidente sur les dates. Le point de vue dominant, qui est aussi celui de l'État chinois, est que la Révolution culturelle a duré dix ans, de 1966 à 1976, des gardes rouges à la mort de Mao. Dix années de troubles, dix années perdues pour un développement rationnel. L'État chinois qui s'est engagé dans la restauration du capitalisme dès après la disparition de Mao désigne la Révolution culturelle par l'expression « les dix années perdues ».

En fait, cette datation peut se défendre, si on raisonne du strict point de vue de l'histoire de l'État chinois, avec comme critères : la stabilité civile, la production, une certaine unité à la tête des administrations, la cohésion de l'armée, etc. Mais tel n'est pas mon axiome et tels ne sont pas mes critères. Si on examine la question des dates du point de vue de la politique, de l'invention politique, le critère principal devient : quand peut-on dire que se situent des créations de pensée collectives, de type politique ? Quand la pratique et les mots d'ordre sont-ils en excès vérifiable sur la tradition et le fonctionnement du parti-État chinois ? Quand surgissent des énoncés de valeur universelle ? Alors, on fixe tout autrement les bornes du processus qui a nom « Grande Révolution culturelle prolétarienne », et que nous appelions entre nous « la GRCP ».

Pour ce qui me concerne, je propose de dire que la Révolution culturelle, ainsi conçue, forme une séquence qui va de novembre 1965 à juillet 1968. Je pourrais même admettre (c'est une discussion de technique politique) une restriction drastique, qui situerait le moment révolutionnaire proprement dit entre mai 1966 et septembre 1967. Le critère est l'existence d'une activité politique de masse, de ses mots d'ordre, de ses organisations nouvelles, de ses lieux propres. En ce sens, il y a « révolution » parce qu'il y a les gardes rouges, les rebelles ouvriers révolutionnaires, d'innombrables organisations et « quartiers généraux », des situations totalement imprévisibles, des énoncés politiques nouveaux, des textes sans précédent, etc.

4. *Hypothèse*

Comment procéder pour que ce gigantesque séisme soit exposé à la pensée, et y fasse sens aujourd'hui ? Je vais formuler une hypothèse, et l'expérimenter sur diverses dimensions, factuelles ou textuelles, de la séquence dont je parle (soit la Chine entre novembre 1965 et juillet 1968).

L'hypothèse est la suivante. Nous sommes dans les conditions d'une division essentielle du parti-État (le Parti communiste chinois, au pouvoir depuis 1949). Division essentielle, en ce qu'elle porte sur des questions cruciales quant au devenir du pays : l'économie et le rapport entre les villes et les campagnes ; la transformation éventuelle de l'armée, le bilan de la guerre de Corée ; les intellectuels, les universités, l'art et la littérature, et finalement la valeur du modèle soviétique, ou stalinien. Mais essentielle aussi et surtout parce que le courant minoritaire chez les cadres du Parti est en même temps dirigé, ou représenté, par celui dont la légitimité historique et populaire est la plus grande, à savoir Mao Tsé-toung. Il y a là un redoutable phénomène de non-coïncidence entre l'historicité du Parti (la longue période de la guerre populaire, contre les Japonais, puis contre Tchang Kaï-chek) et l'état présent de son activité comme ossature du pouvoir d'État. Du reste, on invoquera constamment, pendant la Révolution culturelle, singulièrement dans l'armée, la période de Yenan comme modèle de la subjectivité politique communiste.

Ce phénomène a les conséquences suivantes : l'affrontement des positions ne parvient pas à être normé par les règles du formalisme bureaucratique. Mais il ne parvient pas non plus à l'être par les méthodes de l'épuration terroriste utilisées par Staline dans les années trente. Or, dans l'espace du parti-État, il n'y a que le formalisme ou la terreur. Mao et son groupe vont devoir inventer un troisième recours, le recours à la mobilisation politique de masse, pour tenter de briser les représentants du courant majoritaire, et notamment leurs dirigeants dans les instances supérieures du Parti et de l'État. Ce recours suppose qu'on admette des formes non contrôlées de révolte et d'organisation. Le groupe de Mao, après bien des hésitations, va en effet imposer qu'on les admette, d'abord dans les universités, ensuite dans les usines. Mais il va aussi, contradictoirement, tenter de ramener toutes les innovations organisationnelles de la révolution dans l'espace général du parti-État.

Nous sommes là au cœur de l'hypothèse : la Révolution culturelle est le développement historique d'une contradiction. D'un côté, il s'agit de ranimer l'action révolutionnaire de masse aux marges de l'État de dictature du prolétariat, ou encore de reconnaître, dans le jargon théorique de l'époque, que bien que l'État soit formellement un État « prolétarien », la lutte des classes se poursuit, y compris dans les formes de la révolte de masse. Mao et les siens iront jusqu'à dire que sous le socialisme, la bourgeoisie se reconstitue et s'organise *dans le parti communiste lui-même*. D'un autre côté, la guerre civile proprement dite, c'est-à-dire la division de l'armée régulière, restant exclue, la forme générale du rapport entre le Parti et l'État, en particulier en ce qui concerne les forces répressives, doit rester inchangée, au moins en ce qu'il n'est pas vraiment question de *détruire* le Parti. Ce que Mao fera connaître en indiquant que « l'écrasante majorité des cadres sont bons ».

Cette contradiction va à la fois entraîner des débordements successifs de l'autorité du Parti par les révoltes locales, l'anarchie violente de ces débordements, le caractère inéluctable d'une remise en ordre d'une grande brutalité, et en définitive l'entrée en scène décisive de l'armée.

Les débordements successifs fixent la chronologie (les étapes) de la Révolution culturelle. Le groupe dirigeant révolutionnaire va d'abord tenter de maintenir la révolte dans le cadre des unités d'enseignement. Cette tentative a échoué dès août 1966, quand les gardes rouges se répandent en ville. Ensuite, il s'agira de la maintenir dans le cadre de la jeunesse scolarisée. Mais dès la fin de 66, et surtout à partir de janvier 67, les ouvriers deviennent la force principale du mouvement. On cherchera ensuite à tenir à l'écart les administrations du parti et de l'État, mais elles seront dans la tourmente à partir de 67 à travers le mouvement des « prises de pouvoir ». Enfin, on voudra à tout prix garder l'armée comme puissance en réserve, recours ultime. Même cela sera presque impossible, avec le déchaînement des violences enregistré en août 67 à Wuhan et à Canton. C'est du reste au vu d'un risque réel de scission des forces armées que va s'ouvrir le lent mouvement d'inversion répressive, commencé dès septembre 1967.

Disons les choses ainsi : les inventions politiques, qui ont donné à la séquence son allure révolutionnaire incontestable, n'ont pu se déployer que comme débordements au regard du but qui leur était assigné par ceux que les acteurs mêmes de la révolution (la jeunesse et ses innombrables groupes, les rebelles ouvriers...) considéraient comme leurs dirigeants naturels : Mao et son groupe minoritaire. Du coup, ces inventions ont toujours été localisées et singulières, elles n'ont pu réellement devenir des propositions stratégiques et reproductibles. C'est qu'en définitive, la signification stratégique (ou la portée universelle) de ces inventions était négative. Car ce qu'elles portaient, et ont fait vivement avancer dans les consciences militantes du monde entier, n'était rien d'autre que la fin du parti-État comme production centrale de l'activité politique révolutionnaire. Plus généralement, la Révolution culturelle a montré qu'il n'était plus possible d'assigner ni les actions de masse révolutionnaires ni les phénomènes organisationnels à la stricte logique de la représentation des classes. C'est pourquoi elle demeure un épisode politique de toute première importance.

5. Champs expérimentaux

Je voudrais expérimenter l'hypothèse ci-dessus sur sept référents sélectionnés, pris du reste dans l'ordre chronologique.

1. La circulaire en seize points d'août 1966, qui est peut-être largement de la main de Mao,

et qui est en tout cas le document central le plus novateur, le plus en rupture avec le formalisme bureaucratique des partis-États. J'y consacre, plus loin, toute la partie 4 du présent livre.

2. Les gardes rouges et la société chinoise (la période qui va d'août 66 à au moins août 67). Exploration, sans aucun doute, des limites de la capacité politique de la jeunesse lycéenne et étudiante plus ou moins livrée à elle-même, et ce, quelles que soient les circonstances.

3. Les « rebelles révolutionnaires ouvriers » et la Commune de Shanghai (janvier/février 67), épisode capital et inabouti, parce qu'il propose une forme de pouvoir alternative au centralisme du Parti.

4. Les « prises de pouvoir » : « grande alliance », « triple union » et « comités révolutionnaires », de janvier 67 au printemps 68. Il s'agit là de savoir si le mouvement crée réellement de nouvelles organisations, ou ne vise qu'à une régénération du Parti.

5. L'incident de Wuhan (juillet 67). On est là à l'apogée du mouvement, l'armée risque la division, l'extrême gauche pousse son avantage, mais elle va justement succomber.

6. L'entrée des ouvriers dans les universités (fin juillet 68), qui est en réalité l'épisode final de l'existence des organisations étudiantes indépendantes.

7. Le culte de la personnalité de Mao. Cette caractéristique a été si souvent l'objet des

sarcasmes occidentaux qu'on a finalement oublié de se demander quelle pouvait bien être sa signification, et en particulier sa signification dans la Révolution culturelle, où ledit « culte » a servi de drapeau, non aux conservateurs du Parti, mais aux rebelles étudiants et ouvriers, et aussi, pendant un temps, dans la confusion, à leurs adversaires dans les masses elles-mêmes.

6. *La « Décision en seize points »*

Ce texte a été adopté par une session du Comité central le 8 août 1966. Il met en scène, avec une sorte de génie, la contradiction fondamentale de l'entreprise nommée « Révolution culturelle ». Un des signes de cette mise en scène est du reste qu'il n'explique pas, ou presque pas, le nom (« culturelle ») de la séquence politique en cours. Sinon par l'énigmatique et métaphysique première phrase : « La révolution culturelle vise à changer l'homme dans ce qu'il a de plus profond. » À cet égard, « culturel » équivaut à « idéologique », en un sens particulièrement radical.

Pour une analyse détaillée, voir le chapitre 4.

7. *Gardes rouges et société chinoise*

Dès le printemps de 1966, le phénomène des « gardes rouges », organisations de la jeunesse scolarisée, va prendre une ampleur extraordinaire.

On connaît les gigantesques rassemblements de la place Tian'anmen, qui se succèdent pendant toute la fin de l'année 66, et où Mao, muet, se montre à des centaines de milliers de jeunes gens et jeunes filles. Mais le plus important est que les organisations révolutionnaires déferlent dans les villes, utilisant des camions prêtés par l'armée, puis dans tout le pays, bénéficiant du transport gratuit dans les trains au titre de « l'échange d'expériences ».

Il est certain que nous avons là la force de frappe de l'extension du mouvement à toute la Chine. Il règne dans ce mouvement une liberté tout à fait étonnante, les tendances s'y affrontent à ciel ouvert, les journaux, tracts, banderoles, interminables placards muraux, multiplient les révélations en tout genre, ainsi que les déclarations politiques. De féroces caricatures n'épargnent pas grand monde (en août 67, la mise en cause de Chou En-laï, sur de grands placards muraux nuitamment installés, sera une des causes de la chute de la tendance dite « ultragauchiste »). Des cortèges avec gongs, tambours, proclamations enflammées, circulent jusque tard dans la nuit.

D'un autre côté, la tendance à la militarisation, l'action incontrôlée de groupes de choc, apparaît très tôt. Le mot d'ordre général est celui de la lutte révolutionnaire contre les vieilles idées et les vieilles coutumes (c'est ce qui donne son contenu à l'adjectif « culturel », qui, en chinois, veut plutôt dire « relevant de la civilisation », et en jargon vieux marxiste « appartenant à la superstructure »). Nombre de groupes ont de ce mot d'ordre une interprétation destructrice et violente, voire persécutoire. La chasse menée aux femmes qui portent des nattes, aux intellectuels lettrés, aux professeurs hésitants, à tous les « cadres » qui ne pratiquent pas la même phraséologie que tel ou tel groupuscule, la mise à sac de bibliothèques ou de musées, l'insupportable arrogance des petits chefs révolutionnaires à l'égard de la masse des indécis, tout cela provoquera bientôt chez les gens ordinaires une véritable répulsion contre l'aile extrémiste des gardes rouges.

Sur le fond, le problème était déjà soulevé dans la circulaire du 16 mai 1966, premier acte public de rébellion de Mao contre la majorité du Comité central. Cette circulaire déclare nettement qu'il faut soutenir que « sans destruction, pas de construction ». Elle stigmatise les conservateurs, qui prônent l'esprit « constructif » pour s'opposer à toute destruction des bases de leur pouvoir. Mais la balance est difficile à trouver entre l'évidence de la destruction et le caractère lent et tortueux de la construction.

La vérité est que, armés de l'unique mot d'ordre de « la lutte du nouveau contre l'ancien », nombre de gardes rouges cèdent à une tendance (négative) bien connue des révolutions : l'iconoclastie, la persécution des gens pour des motifs futiles, une sorte de barbarie assumée. C'est aussi une pente de la jeunesse livrée à elle-même. Et d'autant plus qu'en réalité, cette jeunesse est divisée. On n'insistera jamais assez sur le fait que les premières violences de supposés « gardes rouges » ont été le fait d'organisations étudiantes conservatrices, largement composées de jeunes privilégiés qui défendaient l'idée selon laquelle ne sont vraiment « rouges » que les fils et filles de cadres du Parti ou de l'État.

On en tirera la conclusion que toute organisation politique doit être transgénérationnelle, et qu'organiser la séparation politique de la jeunesse est une mauvaise chose.

Certes, les gardes rouges n'ont nullement inventé le radicalisme anti-intellectuel de l'esprit révolutionnaire. Au moment de condamner à mort le chimiste Lavoisier, pendant la Révolution française, l'accusateur public Fouquier-Tinville eut ce mot remarquable : « La République n'a pas besoin de savants ». C'est qu'une vraie révolution estime qu'elle crée elle-même tout ce dont elle a besoin, et il faut respecter cet absolutisme créateur. La Révolution culturelle fut, à cet égard, une vraie révolution. Sur la question de la science et de la technique, le mot d'ordre fondamental fut que ce qui compte est d'être « rouge » et non d'être « expert ». Ou, dans la version « modérée », celle qui deviendra officielle : il faut être « rouge et expert », mais rouge d'abord.

Ce qui cependant a considérablement aggravé la barbarie de certains groupes de choc révolutionnaires est qu'il n'y avait pas, à l'échelle de l'action de la jeunesse, d'espace politique global pour l'affirmation politique, pour la création positive du nouveau. Les tâches de la critique, de la destruction, avaient une évidence que celles de l'invention avaient d'autant moins qu'elles demeuraient suspendues aux luttes implacables qui se déroulaient au sommet de l'État.

8. La Commune de Shanghai

La fin de l'année 66 et le début de 67 représentent un temps fort de la Révolution culturelle : l'entrée en scène, massive, décisive, des ouvriers des usines. Shanghai joue un rôle pilote dans ce temps fort.

Il faut bien voir le paradoxe de cette entrée en scène de ce qui, officiellement, est la « classe dirigeante » de l'État chinois. Elle se fait, si je peux dire, par la droite. En décembre 66, ce sont en effet les bureaucrates locaux, la direction conservatrice du parti et de la municipalité, qui utilisent une clientèle ouvrière – notamment les syndicalistes – contre le mouvement maoïste des gardes rouges. Un peu du reste comme, en mai 68 et dans les années qui suivirent, en France, le PCF a tenté d'utiliser la vieille garde de la CGT contre les révolutionnaires étudiants liés à de jeunes ouvriers. Profitant d'une situation mouvante, les bonzes du Parti et de la municipalité de Shanghai lancent les ouvriers dans toutes sortes de revendications sectorielles de type purement économique, et les dressent au passage contre toute intervention des jeunes révolutionnaires dans les usines et les administrations (tout comme en mai 68 le PCF a barricadé les usines avec des piquets à sa solde, et fait partout la chasse aux « gauchistes »). Ces mouvements syndicalisés, menés avec rudesse, sont de grande ampleur, notamment la grève des transports et celle de l'énergie, qui visent à propager une atmosphère de chaos, afin que les bonzes du Parti puissent se présenter comme les sauveurs de l'ordre. Pour toutes ces raisons, la minorité révolutionnaire va se voir contrainte d'intervenir contre les grèves bureaucratisées, et d'opposer à « l'économisme » et à la demande de « stimulants matériels » une austère campagne pour le travail communiste et, surtout, pour la primauté de la conscience politique globale sur les revendications particulières. Tel sera le terrain du grand mot d'ordre soutenu notamment par Lin Piao : « Lutter contre l'égoïsme et critiquer le révisionnisme » (on sait que « révisionniste » désigne, pour les maoïstes, la ligne d'abandon de toute dynamique révolutionnaire suivie par l'URSS, les partis communistes qui en dépendent, et un grand nombre de cadres du parti chinois).

Au départ, le groupe maoïste ouvrier est plutôt faible. On parle de 4000 ouvriers, vers la fin de 66. Certes, il va se lier aux gardes rouges et se constituer en minorité activiste. L'alliance des étudiants et des ouvriers va donner, entre autres images révolutionnaires remarquables, la remise en route du port par un travail acharné des étudiants, ainsi engagés dans le mot d'ordre communiste de l'abolition des hiérarchies dans le travail, et notamment de la séparation entre travail manuel et travail intellectuel.

Reste que sa latitude d'action dans les usines proprement dites n'est pas très grande, sauf dans certaines entreprises dont ce sera la gloire, comme l'usine de machines-outils, donnée en exemple par les révolutionnaires pendant plusieurs années. À mon sens, c'est bien parce que l'action directe ouvrière se heurte dans les usines à de vives résistances (la bureaucratie y est très implantée) que les activistes maoïstes vont se déployer à échelle du pouvoir urbain. Recevant pour ce faire l'aide d'une partie des cadres, ralliés de longue date à Mao, et d'une fraction de l'armée, ils vont destituer la municipalité et le comité local du Parti. D'où ce qu'on va appeler la « prise de pouvoir », et qui va marquer, sous le nom de « Commune de Shanghai », un tournant de la Révolution culturelle.

Cette « prise de pouvoir » est aussitôt paradoxale. D'un côté, elle s'inspire – comme déjà la circulaire en seize points – d'un contre-modèle absolu du parti-État : la coalition d'organisations disparates qui constituait la Commune de Paris, et dont déjà Marx avait critiqué l'inefficace anarchie. D'un autre côté, ce contre-modèle n'a aucun développement national possible, dans la mesure où, au niveau national, la figure du Parti demeure la seule qui soit admise, même si nombre de ses organes traditionnels sont en crise. Tout au long des épisodes tumultueux de la révolution, Chou En-laï est resté le garant de l'unité de l'État et d'un fonctionnement minimal des administrations. Il n'a, que l'on sache, jamais été désavoué par Mao, dans cette tâche qui le contraignait à naviguer au plus près, y compris au plus près des droitiers (c'est lui qui remettra en selle Deng Xiao Ping, « le deuxième des plus hauts responsables qui, quoique du Parti, sont engagés dans la voie capitaliste », selon la phraséologie de la révolution, et ce, dès le début des années soixante-dix). Or, Chou En-laï a bien précisé aux gardes rouges que les « échanges d'expérience » dans tout le pays étaient licites, mais qu'il ne saurait y avoir d'organisation révolutionnaire d'ampleur nationale.

Du coup, la Commune de Shanghai, constituée après d'interminables discussions à partir d'organisations étudiantes et ouvrières à base locale, ne peut avoir qu'une unité fragile. Là encore, si le geste (la « prise du pouvoir » par les révolutionnaires) est fondamental, son espace politique est trop étroit. Il en résulte que l'entrée en scène des ouvriers est à la fois un spectaculaire élargissement de la base de masse révolutionnaire, une grande et parfois violente mise à l'épreuve des formes de pouvoir bureaucratisées, et l'esquisse sans lendemain d'une nouvelle articulation entre l'initiative politique populaire et le pouvoir d'État.

9. Les prises de pouvoir

Pendant les premiers mois de 1967, à l'école des évènements de Shanghai, où les révolutionnaires ont renversé la municipalité anti-maoïste, on va voir se multiplier, dans tout le pays, les « prises de pouvoir ». Il y a un aspect matériel frappant de ce mouvement : les révolutionnaires, organisés en groupuscules et en groupes de choc, étudiants et ouvriers pour l'essentiel, envahissent les bâtiments administratifs de toute espèce, y compris ceux des municipalités ou du Parti, et y installent, généralement dans une confusion dionysiaque, non sans violences et destructions, un nouveau « pouvoir ». Souvent, on « montre aux masses » les anciens détenteurs dudit pouvoir, ce qui n'est pas une cérémonie de tout repos. Le bureaucrate, ou présumé tel, porte un bonnet d'âne et une pancarte décrivant ses forfaits, il doit baisser la tête, et recevoir quelques coups de pied, ou pire. Ces exorcismes sont du reste des pratiques révolutionnaires bien connues. Il s'agit de faire savoir aux gens ordinaires attroupés que les anciens intouchables, ceux dont la morgue était subie dans le silence, sont désormais livrés à leur tour à l'humiliation publique. Après leur victoire de 1949, les communistes chinois ont organisé des cérémonies de ce genre partout dans les campagnes, pour destituer moralement les anciens propriétaires fonciers, les « despotes locaux et mauvais hobereaux », faisant ainsi savoir au moindre paysan chinois, compté pour rien pendant des millénaires, que le monde avait « changé de base », et qu'il était tenu désormais pour le vrai maître du pays.

Mais on sera attentif à ce que, dès février, le mot « commune » – pour désigner les nouveaux pouvoirs locaux – disparaît, remplacé par l'expression « comité révolutionnaire ». Ce changement n'est certes pas anodin, car « comité » a toujours été le nom des organes provinciaux ou municipaux du Parti. On va donc avoir un vaste mouvement de mise en place, dans toutes les provinces, de nouveaux « comités révolutionnaires », dont n'est pas clairement précisé s'ils doublent, ou remplacent purement et simplement, les anciens et redoutés « comités du Parti ».

En fait, l'ambiguïté de la désignation désigne le comité comme le produit impur du conflit politique. Pour les révolutionnaires locaux, il s'agit de substituer au Parti un pouvoir politique différent, après l'élimination quasi complète des anciens cadres dirigeants. Pour les conservateurs, qui se défendent pied à pied, il s'agit de remettre en selle les cadres locaux après une fiction de critique. Ils sont encouragés dans cette voie par les déclarations centrales répétées comme quoi la grande majorité des cadres du Parti est bonne. Pour la direction nationale maoïste, concentrée dans le très étroit « groupe du Comité central pour la Révolution culturelle », une douzaine de personnes, il s'agit de fixer une cible pour les organisations révolutionnaires (les « prises de pouvoir »), et d'inspirer aux adversaires une peur durable, tout en préservant le cadre général de l'exercice du pouvoir, qui demeure à leurs yeux le parti unique.

Les formules peu à peu mises en avant vont privilégier l'unité. On parlera de « triple union », ce qui veut dire : unir dans les comités un tiers de révolutionnaires nouveaux venus, un tiers d'anciens cadres ayant éventuellement fait leur autocritique et un tiers de militaires. On parlera aussi de « grande alliance », ce qui veut dire que localement les organisations révolutionnaires sont priées de s'unir entre elles, et de faire cesser leurs affrontements (parfois armés). Cette unité suppose en fait une coercition grandissante, y compris sur le contenu des discussions, et une limitation de plus en plus sévère du droit à s'organiser librement autour de telle ou telle initiative ou conviction. Mais comment faire autrement, sauf à laisser les choses dériver vers la guerre civile, et s'en remettre alors à ce qui se passera dans l'appareil répressif ? Le débat va occuper presque toute l'année 1967, année décisive à tous égards.

10. L'incident de Wuhan

Cet épisode de l'été 67 est particulièrement intéressant, car il présente toutes les contradictions d'une situation révolutionnaire au moment de son apogée, qui est bien entendu le moment où s'annonce son involution.

En juillet 67, avec l'appui de militaires conservateurs, la contre-révolution des bureaucrates domine dans l'énorme ville industrielle de Wuhan, laquelle ne compte pas moins de 500 000 ouvriers. Le pouvoir effectif est détenu par un officier, Chen Tsai-tao. Certes, deux organisations ouvrières s'affrontent encore, et ces affrontements font, en mai et juin, des dizaines de morts. La première, soutenue de fait par l'armée, liée aux cadres locaux et aux anciens syndicalistes, s'appelle « le million de valeureux ». La seconde, très minoritaire, nommée « l'acier », incarne la ligne maoïste. La direction centrale, préoccupée par la domination réactionnaire dans la ville, envoie sur place le ministre de la Sécurité publique, et un membre alors très connu du « groupe du Comité central pour la Révolution culturelle », un nommé Wang Li. Ce Wang Li est très populaire chez les gardes rouges, car il est connu pour ses tendances déclamatoires « gauchistes ». Il a déjà soutenu qu'il fallait épurer l'armée. Les envoyés sont porteurs d'un ordre de Chou En-laï, ordonnant de soutenir le groupe rebelle « l'acier », conformément à la directive adressée aux cadres en général et aux militaires en particulier : « exceller à discerner et à soutenir la gauche prolétarienne dans le mouvement ». Disons au passage que Chou En-laï s'est chargé de la tâche écrasante d'arbitrer entre les factions, entre les organisations révolutionnaires rivales, et que, pour ce faire, il reçoit nuit et jour des délégués de la province. Il est donc largement responsable des avancées de la « grande alliance », de l'unification des « comités révolutionnaires », et aussi du discernement de qui est « la gauche prolétarienne » dans les situations concrètes, qui sont de plus en plus confuses et violentes.

Le jour de leur arrivée, les délégués du pouvoir central tiennent, avec les organisations rebelles, un grand meeting dans un stade de la ville. L'exaltation révolutionnaire est à son comble.

Nous pouvons voir tous les acteurs de la phase active de la Révolution bien en place : les cadres conservateurs, et leur capacité de mobilisation non négligeable, d'abord dans les campagnes (les milices venues des banlieues rurales participeront à la répression des gardes rouges et des rebelles après le tournant de 68), mais aussi chez les ouvriers, et bien sûr dans l'administration ; les organisations rebelles, étudiantes et ouvrières, comptant sur leur activisme, leur courage, et le soutien du groupe central maoïste, pour l'emporter, alors qu'elles sont souvent minoritaires; l'armée, requise de choisir qui elle soutient; le pouvoir central, cherchant à ajuster sa politique aux situations. On a appris depuis, sans connaître tous les détails, que Mao lui-même est présent à Wuhan au même moment. De là l'importance capitale de la confrontation dans cette ville.

Dans certaines villes, la situation qui noue tous ces acteurs est très violente. À Canton en particulier, les affrontements entre les groupes de choc armés des organisations rivales sont quotidiens. L'armée, localement, a décidé de s'en laver les mains. Prenant prétexte de ce que, dans la circulaire en seize points, il est dit qu'il ne faut pas intervenir dans les problèmes qui surgissent au cours du mouvement, le chef militaire local demande seulement qu'avant une bagarre de rue, on signe devant lui un « constat de rixe révolutionnaire ». Seule la venue de renforts est proscrite. Le résultat est qu'il y a, à Canton aussi, pendant l'été, des dizaines de morts tous les jours.

Dans ce contexte, à Wuhan, l'affaire va mal tourner. Le matin du 20 juillet, les groupes de choc du « million de valeureux » appuyés par des unités de l'armée occupent les points stratégiques, et lancent dans toute la ville une chasse aux rebelles. On attaque l'hôtel où résident les envoyés du pouvoir central. Un groupe de militaires s'empare de Wang Li et de quelques gardes rouges et les brutalise sans ménagement. Ont-ils eu le projet d'un coup d'État d'ampleur nationale, en se saisissant de Mao lui-même, dont la présence est aujourd'hui attestée ? Toujours est-il que le « gauchiste » Wang Li est à son tour « montré aux masses », avec une pancarte au cou qui le stigmatise – ironie de la situation ! – comme « révisionniste », lui qui voit des révisionnistes partout. Le ministre de la Sécurité est séquestré dans sa chambre. L'université et les aciéries, épicentres de la tendance rebelle, sont prises d'assaut par des groupes armés que soutiennent des blindés. Cependant, quand les nouvelles commencent à circuler, d'autres unités de l'armée prennent parti contre les conservateurs et leur chef Chen Tsai-tao. L'organisation « acier » monte une contre-offensive. Le comité révolutionnaire est mis en état d'arrestation. Quelques militaires parviennent à libérer Wang Li, qui quittera la ville en courant à travers terrains vagues et buissons.

On est clairement au bord de la guerre civile. Il faudra le sang-froid du pouvoir central et les fermes déclarations de nombreuses unités de l'armée dans toutes les provinces pour changer le cours des choses.

Quelles leçons tirer, pour l'avenir, de ce genre d'épisode ? Dans un premier temps, Wang Li, le visage tuméfié, est reçu en héros à Pékin. Kiang Tsing, femme de Mao et grande dirigeante rebelle, lui donne chaleureusement l'accolade. Le 25 juillet, un million de personnes l'acclament, en présence de Lin Piao. Le courant ultragauche, qui pense avoir le vent en poupe, demande une épuration radicale de l'armée. C'est aussi à ce moment, au mois d'août, que des affiches dénoncent Chou En-laï comme droitier.

Mais tout cela n'est que l'apparence d'un instant. Certes, à Wuhan, on impose de soutenir les groupes rebelles, et on remplace Chen Tsai-tao. Seulement, deux mois plus tard, c'est Wang Li qui sera brutalement éliminé du groupe dirigeant, il n'y aura pas d'épuration significative de l'armée, l'importance de Chou En-laï ne fera que grandir, et la remise en ordre commencera à s'exercer contre les gardes rouges et certaines organisations rebelles ouvrières.

Ce qui est cette fois mis en évidence est le rôle capital de l'armée populaire en tant que pilier du parti-État chinois. On lui a confié dans la révolution un rôle stabilisateur, on lui demande de soutenir la gauche rebelle, mais il n'est pas prévu ni toléré qu'elle se divise et ouvre ainsi à grande échelle la perspective de la guerre civile. Ceux qui désirent aller jusque-là seront peu à peu tous éliminés. Et d'avoir pactisé avec eux entraînera contre Kiang Tsing elle-même, y compris semble-t-il de la part de Mao, une tenace suspicion. Il lui rappellera, dans une lettre rendue publique, qu'en politique, « ce qui compte est le contenu » et non les personnalités, dont la dénonciation occupe presque tout le champ de l'action des rebelles.

C'est qu'à ce stade de la Révolution culturelle, Mao souhaite que l'unité l'emporte dans les rangs des rebelles, notamment ouvriers, et commence à craindre les ravages de l'esprit de faction et de l'arrogance des gardes rouges. En septembre 1967, après une tournée en province, il lance la directive « rien d'essentiel ne divise la classe ouvrière », ce qui, pour qui sait lire, signifie premièrement qu'il y a des troubles violents entre organisations rebelles et conservatrices, et deuxièmement qu'il faut impérativement que ces troubles cessent, que les organisations soient désarmées, et que l'appareil répressif retrouve le monopole légal de la violence, ainsi que sa stabilité politique. Dès juillet, tout en faisant preuve de son habituel esprit de lutte et de rébellion (il dit encore à ce moment, avec une visible délectation, que « tout le pays est dans la bagarre » et que « la lutte, même violente, est bonne ; une fois que les contradictions apparaissent en plein jour, il est plus facile de les résoudre »), Mao s'inquiète de la guerre des factions, il déclare que « lorsque des comités révolutionnaires sont fondés, les révolutionnaires petits-bourgeois doivent être correctement dirigés », il stigmatise le gauchisme, qui « est en fait du droitisme », et surtout, il s'impatiente de ce que, depuis janvier et la prise du pouvoir à Shanghai

« l'idéologie bourgeoise et petite-bourgeoise qui était en plein développement chez les intellectuels et les jeunes étudiants a ruiné la situation ».

11. L'entrée des ouvriers dans les universités

Dès février 68, les conservateurs pensent que l'heure de la revanche a sonné, après l'involution du mouvement à la fin de l'été 67. Mais Mao et son groupe sont toujours sur le qui-vive. Ils lancent une campagne stigmatisant le « contre-courant de février », et renouvellent leur appui aux groupes révolutionnaires et à la construction de nouveaux organes de pouvoir.

Cependant, le maintien des universités sous le joug des groupuscules rivaux n'est plus tenable, dans une logique générale de retour à l'ordre et la perspective d'un congrès du Parti chargé de faire le bilan de la révolution (de fait, ce congrès se tiendra au début de 69, entérinant le pouvoir de Lin Piao et des militaires). Il faut faire un exemple, tout en évitant l'écrasement pur et simple des derniers gardes rouges, concentrés dans les bâtiments de l'université de Pékin. La solution adoptée est tout à fait extraordinaire : il est fait appel à des milliers d'ouvriers organisés pour que, sans armes, ils investissent l'université, désarment les factions, et assurent directement leur autorité. Comme le dira plus tard le groupe dirigeant : « la classe ouvrière doit diriger en tout », et « les ouvriers resteront longtemps, et même toujours, dans les universités ». Cet épisode est un des plus étonnants de toute la période, parce qu'il rend visible la nécessité, pour la force anarchique et violente des jeunes, de reconnaître au-dessus d'elle une autorité « de masse », et non pas seulement, ni même principalement, l'autorité institutionnelle des dirigeants reconnus. Le moment est d'autant plus étonnant et dramatique que certains étudiants tirent sur des ouvriers, qu'il y a des morts, et que, dans la foulée, Mao et tous les dirigeants du groupe maoïste convoquent les leaders étudiants les plus connus, en particulier un certain Kuai Ta-fu, chef vénéré des gardes rouges dans l'université de Pékin et nationalement connu. De cet entretien frontal entre les jeunes révolutionnaires entêtés et la vieille garde, il existe une retranscription. On y voit Mao exprimer la grave déception que lui a causée l'esprit de faction chez les jeunes, en même temps qu'un reste d'amitié politique pour eux, la volonté de trouver une issue. On voit bien qu'en faisant venir les ouvriers, Mao a voulu éviter que toute la situation tourne au « contrôle militaire ». Il a voulu protéger ceux qui ont été ses alliés initiaux, qui ont été porteurs de l'enthousiasme et de l'innovation politique. Mais Mao est aussi un homme du parti-État. Il veut sa rénovation, même violente, non sa destruction. Il sait bien finalement qu'en soumettant le dernier carré des jeunes révoltés

« gauchistes », il liquide l'ultime marge laissée à ce qui ne coïncide pas avec la ligne (en 1968) des dirigeants reconnus de la Révolution culturelle : une ligne de reconstruction du Parti. Il le sait, mais il se résigne. Car il n'a pas – et personne n'a – d'hypothèse alternative quant à l'existence de l'État, et que le peuple, après deux années exaltantes mais très éprouvantes, veut, dans son immense majorité, que l'État existe et fasse connaître, au besoin rudement, son existence.

12. Le culte de la personnalité

On sait que le culte de Mao a pris, pendant la Révolution culturelle, des formes proprement extraordinaires. Il y a eu non seulement les statues géantes, le petit livre rouge, l'invocation constante, en toutes circonstances, du président, les hymnes au « grand timonier », mais il y a eu surtout une extension inouïe de l'unicité de la référence, comme si les écrits et dits de Mao suffisaient en toute circonstance, y compris quand il s'agit de faire pousser des tomates ou de décider de l'usage (ou non) du piano dans les concerts symphoniques. Il est saisissant de voir que ce sont les groupes rebelles les plus violents, les plus en rupture avec l'ordre bureaucratique, qui ont aussi poussé le plus loin cet aspect des choses. Ce sont eux en particulier qui ont lancé la formule de « l'autorité absolue de la pensée Mao Tsé-toung », et ont déclaré qu'il fallait se soumettre à cette pensée même quand on ne la comprenait pas. Ce sont, il faut l'avouer, des énoncés tout simplement obscurantistes.

Il faut ajouter que comme toutes les factions et organisations aux prises se réclament de la pensée-Mao, l'expression, apte à désigner des orientations totalement contradictoires, finit par perdre toute signification, hors celle d'un usage surabondant de citations dont l'exégèse est constamment variable.

Je voudrais tout de même faire au passage quelques remarques. D'une part, ce genre de dévotion, tout comme le conflit des exégèses, est tout à fait courant dans les religions établies, y compris chez nous, sans qu'on y voie une pathologie, bien au contraire – les grands monothéismes restent ici des vaches sacrées. Or, Mao a certainement rendu infiniment plus de services réels à son peuple, qu'il a libéré simultanément de l'invasion japonaise, du colonialisme rampant des puissances « occidentales », du féodalisme dans les campagnes et du pillage précapitaliste, que n'en ont rendu à nos pays aucun des personnages, fictifs ou ecclésiaux, de l'histoire récente desdits monothéismes. D'autre part, la sacralisation, y compris biographique, des grands artistes, est une donnée récurrente de notre pratique « culturelle ». On accorde de l'importance aux notes de blanchisserie de tel ou tel grand poète. Si la politique est, comme je le crois, et tout comme peut l'être en effet la poésie, une procédure de vérité, alors il n'est ni plus ni moins inepte de sacraliser les créateurs politiques que de sacraliser les créateurs artistiques. Peut-être moins, à tout prendre, car la création politique est probablement plus rare, certainement plus risquée, et s'adresse plus immédiatement à tous, et singulièrement à ceux qu'en général – comme les paysans et ouvriers chinois avant 49 – le pouvoir tient pour inexistants.

Tout ceci ne nous dispense nullement d'éclairer le phénomène particulier du culte politique, donnée invariante des États et partis communistes, et donnée paroxystique de la Révolution culturelle.

D'un point de vue général, le « culte de la personnalité » est lié à la thèse selon laquelle le Parti, représentant de la classe ouvrière, est la source hégémonique de la politique, le détenteur obligé de la ligne juste. Comme on le dit dès les années trente, « le Parti a toujours raison ». Le problème est que rien ne vient garantir une telle représentation, ni une telle certitude hyperbolique quant à la rationalité. Il importe donc qu'il y ait, comme substitut d'une telle garantie, une *représentation de la représentation* qui soit, elle, une singularité, légitimée précisément par sa seule singularité. Finalement, une personne, un corps singulier, vient faire office de garantie supérieure, dans la forme esthétiquement classique du génie. Il est du reste curieux que, dressés à la théorie du génie dans l'ordre de l'art, nous nous en offusquions si fort quand elle surgit dans l'ordre de la politique. Pour les partis communistes, entre les années vingt et les années soixante, le génie personnel est seulement l'incarnation, le point fixe, de la douteuse capacité représentative du parti. Car il est plus facile de croire en la rectitude et la force intellectuelle d'un homme lointain et solitaire qu'en la vérité et pureté d'un appareil dont on connaît bien les petits chefs locaux.

En Chine, la question est encore plus complexe. Car Mao, pendant la Révolution culturelle, incarne moins la capacité représentative du Parti que ce qui discerne et combat, dans le Parti même, le « révisionnisme » menaçant. Il est celui qui dit, ou laisse dire en son nom, que la bourgeoisie est politiquement active dans le parti communiste. Il est aussi celui qui encourage les rebelles, propage le mot d'ordre « on a raison de se révolter », encourage les troubles, dans le moment même où il est encensé comme président du Parti. À ce titre, il est par moments, pour la masse des révolutionnaires, moins le garant du parti réel que l'incarnation, à lui tout seul, d'un parti prolétaire encore à venir. Il est comme une revanche de la singularité sur la représentation.

En définitive, il faut soutenir que « Mao » est un nom intrinsèquement contradictoire dans le champ politique révolutionnaire. D'un côté, c'est le nom suprême du parti-État, son président incontestable, celui qui détient, en tant que chef militaire et que fondateur du régime, la légitimité historique du parti communiste. D'un autre côté, « Mao » est le nom de ce qui, du Parti, n'est pas réductible à la bureaucratie d'État. Il l'est évidemment par les appels à la révolte lancés en direction de la jeunesse et des ouvriers. Mais il l'est de l'intérieur même de la légitimité du Parti. C'est souvent en effet à travers des décisions transitoirement minoritaires, voire dissidentes, que Mao a assuré la continuation de l'expérience politique tout à fait singulière des communistes chinois entre 1920 et la victoire des années quarante (méfiance à l'égard des conseillers soviétiques, renonciation au modèle insurrectionnel, « encerclement des villes par les campagnes », priorité absolue de la liaison de masse, etc.). À tous égards, « Mao » est le nom d'un paradoxe : le rebelle au pouvoir, le dialecticien à l'épreuve des nécessités continues du « développement », l'emblème du parti-État à la recherche de son dépassement, le chef militaire prônant la désobéissance aux autorités… C'est ce qui a donné à son « culte » une allure frénétique, car il cumulait, subjectivement, l'accord donné à la pompe étatique de type stalinien, et l'enthousiasme de toute la jeunesse révolutionnaire pour le vieux rebelle que l'état des choses ne saurait satisfaire, et qui veut marcher vivement vers le communisme réel. « Mao » nommait la « construction du socialisme », mais aussi sa destruction.

En définitive, la Révolution culturelle, dans son impasse même, atteste l'impossibilité de libérer réellement et de façon globale la politique du cadre du parti-État, quand elle y est enfermée. Elle est une irremplaçable expérience de saturation, parce qu'en elle une volonté violente de chercher un nouveau chemin politique, de relancer la révolution, de trouver les formes nouvelles de la lutte ouvrière dans les conditions formelles du socialisme, tout cela est venu s'échouer sur la maintenance obligée, pour des raisons d'ordre étatique et de refus de la guerre civile, du cadre général du parti-État.

Nous savons aujourd'hui que toute politique d'émancipation doit en finir avec le modèle du parti, ou des partis, s'affirmer comme politique « sans parti », sans tomber pour autant dans la figure anarchiste, qui n'a jamais été que la vaine critique, ou le double, ou l'ombre, des partis communistes, comme le drapeau noir n'est que le double ou l'ombre du drapeau rouge.

Cependant, notre dette envers la Révolution culturelle reste immense. Car, noué à cette courageuse et grandiose saturation du motif du parti, contemporain de ce qui apparaît clairement aujourd'hui comme la dernière révolution encore attachée de façon dogmatique au motif des classes, de la lutte des classes et de la représentation des classes dans des partis, notre maoïsme aura été l'expérience et le nom d'une transition capitale. Et sans cette transition, ou là où nul ne lui est fidèle, il n'y a rien, nous le savons désormais, que la mondialisation d'un capitalisme victorieux, prédateur, sauvagement inégalitaire et en réalité, sous les couleurs de la « modernité », d'un archaïsme politique total.

IV. Une autre œuvre politique : la « Décision en seize points » du Parti communiste chinois (août 1966)

1. Considérations préliminaires : la Chine en 1966

Quand commence l'été 1966, il y a en Chine une situation d'effervescence extrême, la mobilisation de millions de gens, en particulier des jeunes. Cet élan de masse est articulé, nous l'avons vu dans le chapitre précédent, sur une profonde division du Parti, et donc de l'État, si bien que les plus hautes autorités sont caricaturées, injuriées, voire malmenées, dans des rassemblements colossaux. Il se publie presque chaque jour des milliers de journaux nouveaux, écrits par de jeunes révolutionnaires. La liberté d'aller et venir s'étend jusqu'au droit d'investir les bâtiments publics et de lire les archives secrètes des administrations. Le mouvement est lui-même violemment divisé, en deux tendances principales, conservatrice et gauchiste, mais aussi en une myriade de positions intermédiaires ou locales. Répondre à la simple question « Qui est qui ? » demande qu'on sache à peu près la position de groupes dans le genre « Brigade de la Révolution rouge intégrale du département de biologie appliquée de l'université de Wuhan ». Alors, oui, une telle situation demande une solide information, du sang-froid, et une capacité de décision peu commune. C'est ce qui sera demandé aux participants à la «Session plénière du comité central issu du VIIIe congrès du Parti communiste chinois», dont les délibérations aboutissent au texte titré «Décision du Comité central du Parti communiste chinois sur la grande révolution culturelle prolétarienne», document dont en fera amplement savoir que Mao en personne a participé à sa rédaction.

2. La réunion du «Comité central»

La réunion d'août 1966 répondait à une situation dont le moins qu'on puisse dire est qu'elle était exceptionnelle. Aussi bien est elle-même exceptionnelle, jusque dans sa composition. Certes, elle se déroule, comme le précise un long communiqué, du 1er au 12 août 1966, et elle est «sous la présidence du camarade Mao Tsé-toung». Certes aussi, c'est la moindre des choses, «les membres et les membres suppléants du Comité central y ont pris part». Mais qui d'autre, alors, dont les statuts ne prévoient sûrement pas la présence? Il y a sur ce point, dans le communiqué, un certain flou. Lisons la liste hétéroclite des participants non membres du Comité central à cette réunion cruciale dudit comité:

> Étaient également présents des camarades des bureaux régionaux du Comité central

> et des comités du Parti pour les provinces, municipalités et régions autonomes, les membres du Comité central chargé de la révolution culturelle, des camarades des départements intéressés relevant du Comité central du Parti et du gouvernement, ainsi que des représentants des enseignants et des étudiants révolutionnaires des établissements d'enseignement supérieur de la capitale.

Ces « camarades des bureaux », « camarades intéressés » et « représentants » signifient clairement que la composition du Comité central a été, pour cette session située en pleine tempête historico-politique, fortement modifiée. C'est là un indice de ce qui va peu à peu nous apparaître comme un point crucial : la conception maoïste du Parti est qu'il doit à tout moment rester au contact des mouvements populaires, et apprendre des participants à ces mouvements autant, sinon plus, que ce qu'il est en état de leur apprendre. Le Parti est donc tenu à une certaine flexibilité de sa composition. Le communiqué, synthétisant de manière abstraite un thème récurrent dans la Décision, déclare ceci :

> La clé du succès de la grande révolution culturelle réside en la confiance dans les masses, en l'appui sur elles, en leur totale mobilisation, en le respect de leur esprit d'initiative. Il faut par

> conséquent s'en tenir à la ligne qui consiste à venir des masses et à retourner aux masses. Être d'abord l'élève des masses avant de se faire leur professeur. Il faut oser faire la révolution, il faut savoir bien la faire. Il ne faut pas craindre les désordres. [...] Il faut s'opposer à ce qu'on impose aux masses de multiples restrictions tendant à leur lier pieds et poings. Il faut s'opposer à ce qu'on joue les grands seigneurs, à ce qu'on se tienne au-dessus des masses pour les commander à l'aveuglette.

On peut donc soutenir que le texte fondamental qu'est la Décision – connue finalement sous le nom de « Décision en seize points » – relève de l'œuvre politique, en un sens précis : elle n'est pas un document administratif émanant du parti-État. Elle est écrite et discutée par une réunion spéciale, immergée dans la situation, entre autres choses parce qu'y participent des activistes du mouvement, et en définitive parce qu'elle prend position, non à partir de sa propre existence régulière, mais *en s'engageant sur tous les points qui divisent le mouvement lui-même*.

3. La « Décision en seize points », 1 : l'acquis maoïste

La Décision, au fil de ses seize points, ne suit pas un plan prédéterminé mais revient plutôt, de loin en loin, sur quelques motifs reconnaissables. Elle est comme une composition musicale bâtie sur des thèmes, lesquels sont en réalité, en mineur, les questions sur lesquelles un accord a très vraisemblablement été trouvé assez vite ; en majeur, les questions sur lesquelles on devine que la discussion a été âpre et longue.

Appartiennent à la première catégorie, celle des thèses largement partagées, les énoncés tout à fait classiques, qui ont été déjà maintes fois mis en avant dans l'histoire de la révolution chinoise et du PCC. J'en vois cinq.

Thème 1. L'importance exceptionnelle, soulignée depuis toujours par Mao, des interventions de type idéologique, de la propagation des principes et idées du communisme. Ainsi dans le point 1 de la Décision : « Pour renverser un régime, on doit nécessairement et en premier lieu préparer l'opinion et travailler dans le domaine idéologique. » Ce rappel est aujourd'hui, dans l'état de faiblesse où est tombée l'idée communiste, véritablement essentiel. Reconstituer, sur le plan des représentations, l'antinomie générale entre capitalisme et communisme, est un véritable devoir des intellectuels dignes de ce nom, au vrai, le plus important de leurs devoirs. La Décision, au point 10, fixe une tâche que nous devrions faire nôtre, après trente ans de domination, dans tous les domaines, des intellectuels ralliés à l'ordre établi : « Le phénomène des intellectuels bourgeois dominant nos établissements d'enseignement doit complètement prendre fin au cours de cette grande révolution culturelle. »

Thème 2. Les différentes figures de l'action politique, toujours soigneusement distinguées par Mao. Il y a en effet, dans toute œuvre politique, une part d'antagonisme, de destruction, mais elle ne doit jamais être la seule. Il y a aussi la critique, qui se distingue de la négation, ou de la suppression, parce qu'elle admet la discussion et sa durée propre, et parce qu'elle doit aboutir à des transformations réelles, des réformes, qui exigent le plus large assentiment des masses concernées. Voyez ce passage du point 1 de la Décision :

> À l'heure actuelle, nous avons pour but de *combattre et d'écraser* ceux qui détiennent des postes de direction mais se sont engagés dans la voie capitaliste ; de *critiquer* les « autorités » académiques réactionnaires de la bourgeoisie et de toutes les autres classes exploiteuses, et de *réformer* le système d'enseignement, la littérature, l'art et toutes les autres branches de la superstructure.

Vers la fin de la Révolution culturelle, ce qui est ici présenté comme un but révolutionnaire deviendra une sorte de maxime générale : la vie militante sera définie comme le complexe lutte/critique/réforme. Cela aussi peut intéresser notre situation, dans laquelle domine l'idée de « résistance », laquelle est négation pure et inarticulée.

Thème 3. La vision extrêmement ample de la temporalité politique, qui a toujours été celle de Mao, empruntant volontiers sur ce point à la tradition chinoise. Contre l'impatience des révoltés, et bien qu'elle les soutienne, la Décision en seize points rappelle que la dialectique historique est complexe, et que le jugement porté sur une politique ne peut être validé qu'à très long terme. Par exemple, dans le point 9 :

> La lutte menée par le prolétariat contre la pensée, la culture, les mœurs et les coutumes anciennes léguées par toutes les classes exploiteuses durant des millénaires couvrira nécessairement une période extrêmement longue.

Cette maxime doit nous permettre de juger ceux qui sont aujourd'hui convaincus que le capitalisme va s'effondrer, ou même est déjà mort : ils sont entièrement étrangers au devenir réel de l'humanité. Ils ne voient pas que ce dont il s'agit dans le communisme, et donc dans la politique anticapitaliste effective, est une sortie non pas seulement des particularités du capitalisme, mais de toute la conception dominante de la vie collective depuis, en effet, des millénaires

Thème 4. La conviction, liée au point 3, que la formation d'une subjectivité communiste à la fois consciente et efficace exige précisément qu'on se plonge sans réticence dans les mouvements de masse, tout en dominant et l'impatience et le découragement. Ce n'est en effet qu'en assumant que les processus de l'émancipation sont à une échelle bien supérieure à celle de tel ou tel engagement qu'on a une chance de l'emporter dans cet engagement lui-même. Voyez au point 2 :

> Du fait que la résistance *[des adversaires]* est assez forte, la lutte connaîtra des flux et des reflux, voire même des reflux répétés. Ces flux et reflux n'ont pourtant rien de nuisible. Ils permettront au prolétariat et aux autres couches laborieuses, notamment à la jeune génération, de se tremper et d'en tirer des leçons et expériences, et les aideront à comprendre que la voie révolutionnaire est tortueuse et non sans obstacle.

L'idée est aujourd'hui très répandue chez nombre de nos activistes que tout ce qui se passe du côté de la domination va se dissoudre au contact de « nos vies », qui restent étrangères et comme indifférentes à tout cela. Ils feraient bien plutôt de prévoir leurs échecs répétés, et de s'y rééduquer quant à la lenteur tortueuse des stratégies efficaces.

Thème 5. La vision maoïste de la dialectique. Deux au moins des textes philosophiques de Mao furent très connus : des lecteurs aussi différents que Brecht et Althusser les ont commentés avec passion. Il s'agit du petit traité *De la contradiction* (1937), et du texte *De la juste solution des contradictions au sein du peuple* (1957). Un motif récurrent de ces textes est l'existence de différents types de contradiction, et donc le soin qui doit être apporté, dans l'action politique, au discernement du type de contradiction auquel on a affaire. On voit bien de quoi il s'agit : rien de moins que la différence entre l'ennemi irréductible et l'ami potentiel. La contradiction avec le premier est antagonique et relève d'une lutte frontale. Celle avec le second, dite par Mao « au sein du peuple », relève de la discussion argumentée afin de déterminer ce qui est vrai. Si, comme Carl Schmitt, Mao, qui fut longtemps un chef militaire, accorde une grande importance à une stricte détermination de l'ennemi, contrairement à Schmitt, il ne fait nullement de cette détermination *l'essence* de la politique. Bien au contraire. Car pour lui, l'art difficile de la politique est de résoudre les contradictions au sein du peuple de façon à constituer, contre l'ennemi, une force d'ampleur maximale. Sous-estimer le travail de « juste solution » des contradictions au sein du peuple, voir partout des ennemis, régler les problèmes politiques par la violence et la contrainte, voilà qui, peut-être, était la vision de Staline, mais certainement pas celle de Mao. C'est d'ailleurs un des points qui lui a fait soutenir, dans des textes que nous connaissons maintenant, que Staline ne connaissait pas grand-chose à la dialectique.

Dans le cas de la Révolution culturelle, la question du discernement des types de contradiction s'est avérée cruciale, et dans les faits, en dépit des objurgations de Mao, elle n'a pas pu être réglée de façon positive. Le phénomène de l'ultragauche, qui voit des contradictions antagoniques partout, qui emploie inutilement la violence, qui ne sait pas organiser des réunions et des discussions d'où peuvent sortir des idées justes et praticables par tous, a durablement empoisonné le mouvement, et l'a conduit au fil du temps à sa perte. Là où il s'agissait d'expérimenter la vision communiste des choses dans des domaines précis – l'enseignement dans les universités, l'organisation du travail dans les usines, ou encore les nouvelles formes possibles de relation immanente entre la production intellectuelle et le labeur manuel – des myriades de groupes et de petits chefs arrogants ont plutôt ouvert la voie à ce qui deviendra plus tard les prétentions d'une classe moyenne ascendante servant finalement d'appui à la restauration du capitalisme en Chine.

Dans la Décision, la lutte pour que ne soient pas confondus les deux types de contradiction prend le ton sévère d'un avertissement. Ce passage mérite d'être cité intégralement, car on y entend le souci grandissant d'une dérive du mouvement vers une sorte d'atomisation sectaire, tout à fait étrangère à la pensée politique communiste. Il s'agit du point 6 de la Décision :

> Il faut faire une stricte distinction entre les deux sortes de contradictions de nature différente : les contradictions au sein du peuple et celles entre nos ennemis et nous-mêmes. Les contradictions au sein du peuple ne doivent pas être traitées de la même façon que celles qui nous opposent à nos ennemis, tout comme les contradictions entre nos ennemis et nous-mêmes ne doivent pas être considérées comme des contradictions au sein du peuple.
>
> [...] La méthode de raisonner avec faits à l'appui et celle de la persuasion par le raisonnement doivent être appliquées au cours du débat. Il n'est pas permis d'user de contrainte pour soumettre la minorité qui soutient des vues différentes. La minorité doit être protégée, parce que parfois la vérité est de son côté. Même si elle a des vues erronées, il lui est toujours permis de se défendre et de réserver ses opinions.
>
> Dans un débat, on doit avoir recours au raisonnement et non pas à la contrainte ou à la contradiction.

> Au cours du débat, chaque révolutionnaire doit savoir réfléchir indépendamment et développer cet esprit communiste qui est d'oser penser, d'oser parler et d'oser agir. Dans le cadre d'une même orientation générale, les camarades révolutionnaires doivent, en vue de renforcer l'unité, éviter les discussions sans fin sur des questions secondaires.

On a très souvent représenté les gardes rouges de la Révolution culturelle comme des petits soldats, marchant au pas cadencé et pratiquant la violence, au seul service d'un Mao vieillissant hanté par le désir de rester au pouvoir. On voit dans ce texte que, tout au contraire, ces gardes rouges forment une énorme constellation révoltée, travaillée de contradictions à leurs yeux essentielles, que personne ne les tient en main, et que le souci le plus important de Mao est qu'ils organisent des discussions rationnelles, évitent toute violence et s'orientent vers des décisions positives dans une direction réglée par les principes généraux du communisme.

Tout cela est entièrement conforme à la vision maoïste de la politique, vision patiente et généreuse, fondée sur l'autorité, au sein des masses, de la discussion rationnelle en vue de s'accorder sur la vérité de la situation, et de répondre à partir de là à la question « Que faire ? ».

4. La « Décision en seize points », 2 : singularité de la Révolution culturelle

Ce que révèle la Révolution culturelle, et qui constitue sa singularité, est que ce qui, dans la figure de l'État socialiste, s'oppose au mouvement communiste, est tout simplement l'État socialiste lui-même. Pourquoi ? Parce qu'il fusionne l'État et le Parti, que donc il dépolitise les situations, travaille de façon isolée et autoritaire, qu'il est coupé des masses populaires, et que nombre de ses membres trouvent dans leur appartenance aux autorités, aux cadres, une rente de situation. Mao ira jusqu'à dire qu'une nouvelle bourgeoisie s'est reconstituée dans le parti communiste lui-même. Destituer cette nouvelle bourgeoisie est un des buts stratégiques de la Révolution culturelle, mais là encore en prenant le plus grand soin de distinguer les types de contradiction. Voyez ce passage du point 5 de la Décision :

> Le mouvement en cours vise principalement ceux qui, dans le Parti, détiennent des postes de direction et s'engagent dans la voie du capitalisme.
>
> Il faut veiller à ce qu'une stricte distinction soit faite entre les éléments de droite antiparti et antisocialistes et ceux qui, tout en soutenant le Parti et le socialisme, ont tenu des propos erronés ou commis des

actes erronés, écrit de mauvais articles ou des œuvres dont le contenu laisse à désirer.

On s'est souvent moqué de ce que la Révolution culturelle ait désigné des pontes du Parti communiste chinois comme des gens « engagés dans la voie du capitalisme ». Eh bien, nous avons pu voir la stupidité de ces moqueries ! C'est bel et bien sous la direction de Deng Xiao Ping, désigné pendant la Révolution culturelle comme « le second [après Liu Xiao Xi] des plus hauts responsables engagés dans la voie capitaliste », et sous le mot d'ordre dudit Deng selon lequel « le développement est la seule vérité », que la Chine est devenue une des plus redoutables nations capitalistes du monde contemporain. Autant dire que la Révolution culturelle, telle au moins que Mao la concevait, était réellement une levée contre une tendance fortement enracinée dans le Parti. L'échec de cette levée a bien été, dans la lutte entre les deux voies qui est le noyau de toute politique contemporaine, une victoire décisive, à échelle mondiale, de la voie capitaliste.

Nous pouvons alors formuler le problème fondamental de la politique communiste dans la Chine des années soixante : si le Parti, censé être simultanément le maître de l'État et le guide des masses, est largement infecté par des tendances de type capitaliste et bourgeois, comment peut se constituer une force capable de rétablir à échelle d'ensemble la force de la voie communiste ? Confronté, au moins le disait-il, à des problèmes comparables, Staline a choisi la voie de la répression policière la plus totale possible, et organisé à une échelle sans précédent une terreur dont l'effet principal a été la disparition, en URSS, de tout ce qui pouvait ressembler à une vraie politique. Mao a choisi, tout au contraire, de se tourner vers les masses, d'affirmer que « on a raison de se révolter contre les réactionnaires », et de tenter ainsi une politisation nouvelle, y compris, puisque c'était nécessaire, contre la pesante tutelle du parti communiste. Pour ce faire, il a laissé se déployer, dans les universités, entre 1965 et 1967, puis dans les usines à partir de 1967, de formidables révoltes de masse. C'est dans ce contexte que l'on doit comprendre la vision maoïste de la Révolution culturelle, telle qu'elle est présentée dans la « Décision en seize points ». On voit clairement qu'elle peut être résumée en trois idées :

– Il faut inévitablement que se lève une action de masse, dans la jeunesse d'abord, puis dans le monde ouvrier, voire le monde paysan.

– Ce mouvement de masse doit certes viser à une épuration du Parti, mais aussi à l'activation, partout, des principes communistes dans toutes les formes de la vie sociale, de la vie collective.

– Doivent apparaître de nouvelles organisations populaires, issues du mouvement, et capables, à l'avenir, de surveiller le Parti, de garantir, à tout instant, une circulation positive entre ce qui s'affirme dans le mouvement de masse et les décisions prises par l'État.

En ce qui concerne le mouvement de masse, le choix fait, très risqué comme la suite le montrera, est une liberté démocratique sans précédent laissée aux mobilisations de la jeunesse dans tout le pays. Il faut se représenter ce que pouvait signifier cette liberté quasi totale laissée à des millions de jeunes, cette démocratie de masse auprès de laquelle nos « démocraties » font figure de vieilles dames patronnesses. Le texte qui suit, qui constitue le point 4 de la Décision, mérite d'être cité à quiconque prétend que la Chine était sous Mao un état « totalitaire » :

> Dans la grande révolution culturelle prolétarienne, les masses ne peuvent que se libérer par elles-mêmes, et l'on ne peut en aucune façon agir à leur place.
>
> Il faut avoir confiance dans les masses, s'appuyer sur elles et respecter leur esprit d'initiative. Il faut rejeter la crainte et ne pas avoir peur des troubles. Le président Mao nous a toujours enseigné qu'une révolution ne peut s'accomplir avec, constamment, élégance et délicatesse, douceur, amabilité, courtoisie, retenue et générosité d'âme. Que les masses s'éduquent dans ce grand mouvement révolutionnaire, et opèrent la

> distinction entre ce qui est juste et ce qui ne l'est pas, entre les façons d'agir correcte et incorrecte !
>
> Il faut utiliser pleinement la méthode des journaux muraux en gros caractères et des grands débats, pour permettre de larges et francs exposés d'opinions, afin que les masses puissent exprimer leurs vues justes, critiquer les vues erronées et dénoncer tous les génies malfaisants. De cette façon, les larges masses pourront, dans la lutte, élever leur conscience politique, accroître leur capacité et leurs talents, distinguer ce qui est juste et ce qui ne l'est pas et distinguer les ennemis qui se dissimulent parmi elles.

Évidemment, une pareille liberté d'action laissée aux masses provoque chez les militants et surtout les cadres du Parti, habitués à une sorte d'impunité, un grand trouble, et une longue période d'hésitation et d'incertitude. C'est précisément dans les conditions de ce trouble que s'impose une sorte de régénération d'un militantisme enfoncé dans la stabilité bureaucratique du pouvoir d'État, par sa confrontation quelque peu brusquée avec une séquence révolutionnaire.

La Décision, dans le point 3, analyse de façon assez complète les réactions possibles des cadres du parti-État face à la massive levée de la jeunesse et des ouvriers. Aux deux extrémités, si l'on peut dire, on trouve deux catégories : celle des organismes officiels dont « la direction est contrôlée par des éléments [...] qui détiennent des postes de direction mais s'engagent dans la voie capitaliste » ; et celle des cadres et militants qui rejoignent avec enthousiasme le mouvement en cours, qui « se tiennent au premier rang du mouvement et osent mobiliser sans réserve les masses ». Les premiers « ont extrêmement peur d'être dénoncés par les masses », et « cherchent tous les prétextes pour réprimer le mouvement ». Les seconds « donnent la priorité à la politique prolétarienne ». Ces deux catégories représentent clairement, au sein du Parti lui-même, la lutte entre les deux voies. Ceux qui appartiennent à la première catégorie doivent être « relevés de leurs fonctions ». Ceux qui appartiennent à la seconde sont des « militants communistes intrépides », appelés à remplacer les premiers.

Le problème le plus complexe est posé par la catégorie intermédiaire. On y trouve ceux qui ne comprennent pas le sens de cette nouvelle grande lutte, et qui « se cramponnant aux vieux règlements, ne veulent pas rompre avec les procédés routiniers ni aller de l'avant ». On y trouve aussi ceux qui ont fait des erreurs ou se sont abandonnés au laisser-aller dans leur travail quotidien. En ce qui concerne tous ces petits cadres, il faut obtenir, par la patiente résolution des contradictions au sein du peuple, qu'ils finissent par « accepter la critique des masses », et rejoignent le courant principal du mouvement.

Ainsi le mouvement est-il comme une sorte d'aération de tout l'appareillage du Parti, parce que la lutte politique le ramène à ses origines proprement révolutionnaires et le sort de la menaçante léthargie qui gagne la subjectivité politique quand elle croit pouvoir prendre la forme d'une sinécure professionnelle.

Enfin, et surtout, la Révolution culturelle apporte ce qui sera un peu plus tard appelé « le sang neuf prolétarien », sous la double forme de jeunes recrues qui ont fait leurs preuves dans le mouvement, et de nouvelles organisations de masse destinées à entrer en dialectique avec le Parti et de bloquer ainsi son engourdissement et la tentation d'en venir aux facilités apparentes de la voie capitaliste.

La Décision, dans son point 2, salue dans ces termes l'apparition d'une nouvelle génération de possibles militants communistes :

> Un grand nombre de jeunes révolutionnaires, naguère inconnus, sont devenus, au cours de la grande révolution culturelle, de courageux pionniers. Ils ont fait preuve de vigueur et de sagesse. Sous forme de journaux muraux en gros caractères et de grands débats, par une large et libre expression d'opinions, par une dénonciation complète et par une critique

> à fond, ils ont lancé une offensive résolue contre les représentants de la bourgeoisie, qu'ils agissent à découvert ou qu'ils soient dissimulés. Dans un mouvement révolutionnaire d'une telle envergure, il est inévitable qu'ils aient telle ou telle insuffisance, mais leur orientation générale a été juste. C'est le courant principal de la grande révolution culturelle prolétarienne.

Mais le point sans doute le plus important concerne l'apparition de nouvelles formes d'organisation. Elle est saluée avec une force particulière dans le point 9 de la Décision :

> Nombre de choses nouvelles ont commencé à apparaître dans le mouvement de la grande révolution culturelle prolétarienne. Les groupes et comités de la révolution culturelle ainsi que d'autres formes d'organisation, créées par les masses dans de nombreuses écoles et de nombreux organismes, sont quelque chose de nouveau et d'une grande importance historique.
>
> Les groupes, comités et congrès de la révolution culturelle sont les meilleures formes nouvelles d'organisation dans lesquelles les masses s'éduquent elles-mêmes sous la direction du Parti communiste. Ils constituent un excellent pont permettant à notre Parti de

> maintenir un contact étroit avec les masses. Ils sont des organes de pouvoir de la révolution culturelle prolétarienne.

C'est sur ce point crucial que les dirigeants maoïstes font expressément référence à la Commune de Paris. Après avoir souligné que ces organisations neuves issues des masses « ne doivent pas être temporaires, mais permanentes, appelées à fonctionner longtemps », la Décision légifère pour garantir leur caractère totalement démocratique :

> Il est nécessaire d'appliquer un système d'élections générales semblable à celui de la Commune de Paris, pour élire les membres des groupes et des comités de la révolution culturelle et les représentants aux congrès de la révolution culturelle. Les listes des candidats doivent être proposées par les masses révolutionnaires après d'amples consultations, et les élections n'auront lieu qu'après des discussions répétées de ces listes par les masses.
>
> Les masses ont à tout moment le droit de critiquer les membres des groupes et comités de la révolution culturelle et les représentants élus aux congrès de la révolution culturelle. Lesdits membres et représentants peuvent être remplacés par élection ou révoqués par

> les masses après discussions s'ils se montrent incompétents.

La Révolution culturelle, entre autres choses, est aussi la conception de nouvelles formes du pouvoir d'État, déjà marquées par un élan démocratique auprès duquel les cérémonies électorales des pays capitalistes sont des caricatures, et qui représente un pas en avant en direction du dépérissement de l'État, et donc d'un principe fondamental du communisme.

5. Mao Tsé-toung, nom propre de l'œuvre politique nommée « Révolution culturelle »

Il faut en finir avec l'idée partout répandue que la GRCP a été « commandée » par Mao, et dominée par un culte de la personnalité. Les textes et les actions majeures de cette révolution n'évoquent jamais Mao comme personne. Il n'est pas question, comme cela était le cas du temps de Staline, d'un héros au regard d'acier et d'un chef tout-puissant. Ce qui est constamment mentionné est « la pensée de Mao Tsé-toung ». Ce déplacement, de la personne à la pensée, est considérable. Il signifie que la Révolution culturelle n'est pas dirigée par les talents de chef de Mao, mais qu'en tant qu'œuvre politique de masse, elle est imprégnée des idées politiques, anciennes ou nouvelles, qu'il a transmises ou synthétisées. En fait, le nom propre

« Mao » désigne l'unité possible des idées sous lesquelles peut se penser l'action en cours, laquelle est en elle-même une création : il n'a en effet jamais existé, avant la Révolution culturelle, de révolution qui soit interne à un pays dirigé par un État dit « socialiste », en fait pratiquement identique à un parti se réclamant du communisme. Le nom « Mao » est celui de la pensée politique immanente à cette révolution sans précédent dans l'histoire. Il désigne non un commandement personnel du processus, mais la vivacité d'une pensée à l'épreuve de ce processus. Comme il est dit dans le point 16 de la Décision, « la pensée de Mao Tsé-toung doit être considérée comme notre guide d'action dans la révolution culturelle ». Il s'agit donc de se servir de ce qu'il y a d'éventuellement universel dans une pensée politique pour inventer et ordonner ce qu'on est en train d'inventer. Le tout début de la Décision est clair sur ce point :

> La grande révolution culturelle prolétarienne en cours est une grande révolution qui touche l'homme dans ce qu'il a de plus profond. Elle représente une nouvelle étape, marquée par une plus grande profondeur et une plus grande ampleur, du développement de la révolution socialiste dans notre pays.

Cette « nouvelle étape », marquée par une importante transformation de la subjectivité politique elle-même – dans ce qu'elle a de « plus profond » –, peut être indexée, quant à sa neuve absoluité, au nom propre « Mao », non seulement, ni même principalement, parce qu'il en a été un acteur vivant, mais parce que les schèmes mentaux essentiels transmis par Mao étaient requis pour que le mouvement de masse, ses organisations, et la gauche du Parti, puissent s'unifier autour de la création d'une nouvelle figure concrète de la politique, en direction du communisme.

Dès le début de la Révolution culturelle, le culte de Mao et son exaltation abstraite ont largement été le fait des groupes droitiers. Dans la suite, au moment de l'intervention massive de l'armée dans le champ politique, Lin Piao a grimpé les plus hauts barreaux de l'échelle du pouvoir, dans l'intention de transformer la Révolution culturelle en un simple mouvement d'étude, les structures hiérarchiques restant immuables. Pour ce faire, il a placé Mao au-dessus de tout, et singulièrement au-dessus de tout processus réel visant à changer, dans la direction du communisme, les formes du pouvoir d'État. C'est pourquoi il s'est mis à terminer toutes ses interventions par l'immuable prière que voici :

> Vive le marxisme, le léninisme, la pensée-maotsétoung, toujours victorieux ! Vive le président Mao, notre grand éducateur,

> grand dirigeant, grand commandant en chef et grand pilote ! Qu'il vive longtemps, très longtemps !

Après la chute de Lin Piao, Mao a confié que celui-ci avait voulu « le transformer [lui, Mao] en Bouddha prolétarien et l'expédier dans le ciel ». Contre ce délétère et trompeur « culte », la gauche du mouvement en Chine s'est servie des écrits et de la pensée de Mao, et finalement des mots « Mao » et « maoïsme », comme mes camarades et moi nous en servions durant les « années rouges » après 1968 » : en tant qu'index de transmission d'une pensée qui pouvait servir, quand on se trouvait confronté à la situation sans précédent de la dégénérescence des partis « communistes », à en surmonter les impasses et à retrouver, à réinventer, dans le réel, une orientation politique en rupture véritable avec la domination capitaliste.

C'est pourquoi j'énonce ici que, de même que Robespierre et Saint-Just sont les symboles verbaux de la partie vive de la Révolution française, de même que Toussaint-Louverture est le nom propre de la révolution haïtienne, Lénine de la révolution russe, ou encore Castro de la révolution cubaine, Mao est le nom qui concentre l'infinité latente de la Révolution culturelle. Ce qui, j'y insiste, n'est pas une question de pouvoir et de culte, mais de pensée collective à valeur universelle, quoique souvent, dans son moment historique, vaincue, comme le furent en tout cas Robespierre et Mao.

6. Conclusion

Ainsi la Décision, indexée par le nom « Mao », oriente tout le processus de la Révolution culturelle vers un dispositif complexe de l'organisation communiste, et une nouvelle vision de la politique comme telle. Au face-à-face dualiste, et de ce fait antidialectique et oppressif, du parti-État et des masses ouvrières, succède un dispositif à trois, voire même quatre termes. L'État demeure évidemment en place. Mais, conformément aux prescriptions les plus essentielles du marxisme, il est appelé à dépérir – il faudra pour cela, dit Mao, encore de nombreuses révolutions culturelles… Ce dépérissement suppose que la direction du processus communiste ne soit pas totalement concentrée dans le Parti. Ou encore, il faut interdire la fusion du Parti et de l'État. Pour ce faire, il n'y a pas d'autre recours qu'une permanente surveillance du Parti par les masses, au prix accepté, si la voie capitaliste s'affirme à nouveau, de mouvements populaires de grande ampleur, sur le modèle de la Révolution culturelle. Tout mouvement étant par nature événementiel, et donc voué à disparaître, il faut qu'il en demeure des traces réelles, longtemps après cette disparition, sous la forme d'organisations neuves, distinctes du

Parti, quoique mêlées à lui dans la discussion de ce qu'il s'agit de conserver et de mettre en œuvre des propositions politiques issues du mouvement. Ces organisations populaires sont référées aux aspects les plus radicaux de la Commune de Paris – ou, ajouterais-je, des soviets russes en 1917.

L'ensemble à quatre termes constitué par l'État postrévolutionnaire, le parti communiste, le mouvement de masse et les organisations transitoires qui en sont issues, compose en fait ce que dès les années vingt Mao nommait le « pouvoir rouge ». Il a consacré un très remarquable texte à répondre à la question « Pourquoi le pouvoir rouge peut exister en Chine ? ». Ce n'est que sous la garantie d'un tel pouvoir que peuvent être mises en chantier les réalisations proprement communistes. Un seul exemple : la disparition de l'opposition entre travail manuel et travail intellectuel. Il en est question dans le point 10 de la Décision :

> L'éducation doit être au service de la politique du prolétariat et se combiner avec le travail productif, afin que tous ceux qui reçoivent l'éducation puissent se développer moralement, intellectuellement et physiquement pour devenir des travailleurs cultivés dotés d'une conscience socialiste.

La Révolution culturelle a été vaincue par la coalition disparate de la majorité craintive des cadres du Parti, notamment en province, de l'armée, comme toujours conservatrice, et de l'esprit petit-bourgeois – mélange d'anarchisme et d'arrivisme – d'un grand nombre des dirigeants étudiants engagés dans l'ultragauche. Elle a souffert, sauf un temps à Shanghai avec Chang Chung Chiao (ce fut l'expérience de ce qui a été appelé « la Commune de Shanghai ») du manque de dirigeants capables de soutenir son invention et sa durée. C'est pourquoi il n'a pas été possible que le « pouvoir rouge » se maintienne dans la Chine des années soixante-dix. Mais sa formule demeure, et la méditation de ses enseignements doit structurer toute entreprise politique visant à sortir du marécage capitaliste contemporain. La Révolution culturelle est la Commune de Paris de l'époque révolue des « États socialistes » : un dramatique échec, certes, mais fondateur d'un temps nouveau de la politique. Nous devons en étudier l'aventure, comme la pensée de Lénine s'est nourrie de l'événement parisien.

Chez le même éditeur

Giorgio Agamben, Alain Badiou, Daniel Bensaïd, Wendy Brown, Jean-Luc Nancy, Jacques Rancière, Kristin Ross, Slavoj Žižek, *Démocratie, dans quel état ?*

Tariq Ali, *Obama s'en va-t-en guerre.*

Zahra Ali (dir.), *Féminismes islamiques.*

Sophie Aouillé, Pierre Bruno, Franck Chaumon, Guy Lérès, Michel Plon, Erik Porge, *Manifeste pour la psychanalyse.*

Bernard Aspe, *L'instant d'après. Projectiles pour une politique à l'état naissant.*

Éric Aunoble, *La Révolution russe, une histoire française. Lectures et représentations depuis 1917.*

Alain Badiou, *Petit panthéon portatif.*

Alain Badiou, *L'aventure de la philosophie française.*

Alain Badiou & Eric Hazan, *L'antisémitisme partout. Aujourd'hui en France.*

Alain Badiou, Pierre Bourdieu, Judith Butler, Georges Didi-Huberman, Sadri Khiari, Jacques Rancière, *Qu'est-ce qu'un peuple ?*

Jean-Christophe Bailly, Jean-Marie Gleize, Christophe Hanna, Hugues Jallon, Manuel Joseph, Jacques-Henri Michot, Yves Pagès, Véronique Pittolo, Nathalie Quintane, *« Toi aussi, tu as des armes. » Poésie & politique.*

Moustapha Barghouti, *Rester sur la montagne. Entretiens sur la Palestine avec Eric Hazan.*

Omar Barghouti, *Boycott, désinvestissement, sanctions. BDS contre l'apartheid et l'occupation de la Palestine.*

Mathieu Bellahsen, *La santé mentale. Vers un bonheur sous contrôle.*

Walter Benjamin, *Essais sur Brecht.*

Walter Benjamin, *Baudelaire.* Édition établie par Giorgio Agamben, Barbara Chitussi et Clemens-Carl Härle.

Daniel Bensaïd, *Les dépossédés. Karl Marx, les voleurs de bois et le droit des pauvres.*

Daniel Bensaïd, *Tout est encore possible.* Entretiens avec Fred Hilgemann.

Marc Bernard, *Faire front. Les journées ouvrières des 9 et 12 février 1934.* Introduction de Laurent Lévy.

Jacques Bidet, *Foucault avec Marx.*

Ian H. Birchall, *Sartre et l'extrême gauche française. Cinquante ans de relations tumultueuses.*

Auguste Blanqui, *Maintenant, il faut des armes.* Textes présentés par Dominique Le Nuz.

Félix Boggio Éwangé-Épée & Stella Magliani-Belkacem, *Les féministes blanches et l'empire.*

Bruno Bosteels, *Alain Badiou, une trajectoire polémique.*

Houria Bouteldja, *Les Blancs, les Juifs et nous. Vers une politique de l'amour révolutionnaire.*

Alain Brossat, *Pour en finir avec la prison.*

Philippe Buonarroti, *Conspiration pour l'égalité dite de Babeuf.* Présentation de Sabrina Berkane.

Pilar Calveiro, *Pouvoir et disparition. Les camps de concentration en Argentine.*

Laurent Cauwet,

La domestication de l'art. Politique et mécénat.

Grégoire Chamayou, *Les chasses à l'homme.*

Grégoire Chamayou, *Théorie du drone.*

Louis Chevalier, *Montmartre du plaisir et du crime.* Préface d'Eric Hazan.

Ismahane Chouder, Malika Latrèche, Pierre Tevanian, *Les filles voilées parlent.*

George Ciccariello-Maher, *La révolution au Venezuela. Une histoire populaire.*

Cimade, *Votre voisin n'a pas de papiers. Paroles d'étrangers.*

Comité invisible, *À nos amis.*

Comité invisible, *L'insurrection qui vient.*

Comité invisible, *Maintenant.*

Angela Davis, *Une lutte sans trêve.* Textes réunis par Frank Barat.

Joseph Déjacque, *À bas les chefs! Écrits libertaires.* Présenté par Thomas Bouchet.

Christine Delphy, *Classer, dominer. Qui sont les « autres » ?*

Alain Deneault, *Offshore. Paradis fiscaux et souveraineté criminelle.*

Raymond Depardon, *Images politiques.*

Raymond Depardon *Le désert, allers et retours.* Propos recueillis par Eric Hazan

Yann Diener, *On agite un enfant. L'État, les psychothérapeutes et les psychotropes.*

Cédric Durand (coord.), *En finir avec l'Europe.*

Dominique Eddé, *Edward Said, le roman de sa pensée*

Éric Fassin, Carine Fouteau, Serge Guichard, Aurélie Windels, *Roms & riverains. Une politique municipale de la race.*

Jean-Pierre Faye, Michèle Cohen-Halimi, *L'histoire cachée du nihilisme. Jacobi, Dostoïevski, Heidegger, Nietzsche.*

Norman G. Finkelstein, *L'industrie de l'holocauste. Réflexions sur l'exploitation de la souffrance des Juifs.*

Joëlle Fontaine, *De la résistance à la guerre civile en Grèce. 1941-1946.*

Charles Fourier, *Vers une enfance majeure.* Textes présentés par René Schérer.

Isabelle Garo, *L'idéologie ou la pensée embarquée.*

Gabriel Gauny, *Le philosophe plébéien.* Textes rassemblés et présentés par Jacques Rancière.

Antonio Gramsci, *Guerre de mouvement et guerre de position.* Textes choisis et présentés par Razmig Keucheyan.

Christophe Granger, *La destruction de l'université française.*

Daniel Guérin, *Autobiographie de jeunesse. D'une dissidence sexuelle au socialisme.*

Chris Harman, *La révolution allemande 1918-1923*

Amira Hass, *Boire la mer à Gaza, chroniques 1993-1996.*

Eric Hazan, *Chronique de la guerre civile.*

Eric Hazan, *Notes sur l'occupation. Naplouse, Kalkilyia, Hébron.*

Eric Hazan, *Paris sous tension.*

Eric Hazan, *Une histoire de la Révolution française.*

Eric Hazan & Eyal Sivan, *Un État commun. Entre le Jourdain et la mer.*

Eric Hazan & Kamo, *Premières mesures révolutionnaires.*

Eric Hazan, *La dynamique de la révolte. Sur des insurrections passées et d'autres à venir.*

Eric Hazan, *Pour aboutir à un livre.* Entretiens avec Ernest Moret.

Eric Hazan, *À travers les lignes. Textes politiques.*

Eric Hazan, *Balzac, Paris.*

Henri Heine, *Lutèce. Lettres sur la vie politique, artistique et sociale de la France.* Présentation de Patricia Baudoin.

Hongsheng Jiang, *La Commune de Shanghai et la Commune de Paris.*

Victor Hugo, *Histoire d'un crime.* Préface de Jean-Marc Hovasse, notes et notice de Guy Rosa.

Sadri Khiari, *La contre-révolution coloniale en France. De de Gaulle à Sarkozy.*

Stathis Kouvélakis, *Philosophie et révolution. De Kant à Marx.*

Georges Labica, *Robespierre. Une politique de la philosophie.* Préface de Thierry Labica.

Yitzhak Laor, *Le nouveau philosémitisme européen et le « camp de la paix » en Israël.*

Lénine, *L'État et la révolution.*

Mathieu Léonard, *L'émancipation des travailleurs. Une histoire de la Première Internationale.*

Gideon Levy, *Gaza. Articles pour Haaretz, 2006-2009.*

Laurent Lévy, *« La gauche », les Noirs et les Arabes.*

Frédéric Lordon, *Capitalisme, désir et servitude. Marx et Spinoza.*

Frédéric Lordon, *Imperium. Structures et affects des corps politiques.*

Herbert R. Lottman, *La chute de Paris, 14 juin 1940.*

Pierre Macherey, *De Canguilhem à Foucault. La force des normes.*

Pierre Macherey, *La parole universitaire.*

Gilles Magniont & Yann Fastier, *Avec la langue. Chroniques du « Matricule des anges ».*

Andreas Malm, *L'anthropocène contre l'histoire. Le réchauffement climatique à l'ère du capital.*

Karl Marx, *Sur la question juive.* Présenté par Daniel Bensaïd.

Karl Marx & Friedrich Engels, *Inventer l'inconnu. Textes et correspondance autour de la Commune.* Précédé de « Politique de Marx » par Daniel Bensaïd.

Albert Mathiez, *La réaction thermidorienne.* Présentation de Yannick Bosc et Florence Gauthier.

Louis Ménard, *Prologue d'une révolution (fév.-juin 1848).* Présenté par Maurizio Gribaudi.

Jean-Yves Mollier, *Une autre histoire de l'édition française.*

Elfriede Müller & Alexander Ruoff, *Le polar français. Crime et histoire.*

Alain Naze, *Manifeste contre la normalisation gay.*

Dolf Oehler, *Juin 1848, le spleen contre l'oubli. Baudelaire, Flaubert, Heine, Herzen, Marx.*

Ilan Pappé, *La guerre de 1948 en Palestine. Aux origines du conflit israélo-arabe.*

François Pardigon, *Épisodes des journées de juin 1848.*

Nathalie Quintane, *Les années 10.*

Nathalie Quintane, *Ultra-Proust. Une lecture de Proust, Baudelaire, Nerval.*

Alexander Rabinowitch, *Les bolcheviks prennent le pouvoir. La révolution de 1917 à Petrograd.*

Jacques Rancière, *Le partage du sensible. Esthétique et politique.*

Jacques Rancière, *Le destin des images.*

Jacques Rancière, *La haine de la démocratie.*

Jacques Rancière, *Le spectateur émancipé.*

Jacques Rancière, *Moments politiques. Interventions 1977-2009.*

Jacques Rancière, *Les écarts du cinéma.*

Jacques Rancière, *La leçon d'Althusser.*

Jacques Rancière, *Le fil perdu. Essais sur la fiction moderne.*

Jacques Rancière, *En quel temps vivons-nous ? Conversation avec Eric hazan.*

Textes rassemblés par J. Rancière & A. Faure, *La parole ouvrière 1830-1851.*

Amnon Raz-Krakotzkin, *Exil et souveraineté. Judaïsme, sionisme et pensée binationale.*

Tanya Reinhart, *Détruire la Palestine, ou comment terminer la guerre de 1948.*

Tanya Reinhart, *L'héritage de Sharon. Détruire la Palestine, suite.*

Mathieu Rigouste, *La domination policière. Une violence industrielle.*

Robespierre, *Pour le bonheur et pour la liberté. Discours choisis.*

Kristin Ross, *L'imaginaire de la Commune.*

Julie Roux, *Inévitablement (après l'école).*

Christian Ruby, *L'interruption. Jacques Rancière et le politique.*

Alain Rustenholz, *De la banlieue rouge au Grand Paris. D'Ivry à Clichy et de Saint-Ouen à Charenton.*

Gilles Sainati & Ulrich Schalchli, *La décadence sécuritaire.*

Julien Salingue, *La Palestine des ONG. Entre résistance et collaboration.*

Thierry Schaffauser, *Les luttes des putes.*

André Schiffrin, *L'édition sans éditeurs.*

André Schiffrin, *Le contrôle de la parole. L'édition sans éditeurs, suite.*

André Schiffrin, *L'argent et les mots.*

Ivan Segré, *Judaïsme et révolution.*

Ivan Segré, *Le manteau de Spinoza. Pour une éthique hors la Loi.*

Ella Shohat, *Le sionisme du point de vue de ses victimes juives. Les juifs orientaux en Israël.*

Eyal Sivan & Armelle Laborie, *Un boycott légitime. Pour le BDS universitaire et culturel d'Israël.*

Jean Stern, *Les patrons de la presse nationale. Tous mauvais.*

Marcello Tarì, *Autonomie ! Italie, les années 1970.*

N'gugi wa Thiong'o, *Décoloniser l'esprit.*

E.P. Thompson, *Temps, discipline du travail et capitalisme industriel.*

Tiqqun, *Théorie du Bloom.*

Tiqqun, *Contributions à la guerre en cours.*

Tiqqun, *Tout a failli, vive le communisme !*

Alberto Toscano, *Le fanatisme. Modes d'emploi.*

Enzo Traverso, *La violence nazie, une généalogie européenne.*

Enzo Traverso, *Le passé : modes d'emploi. Histoire, mémoire, politique.*

Louis-René Villermé, *La mortalité dans les divers quartiers de Paris.*

Sophie Wahnich, *La liberté ou la mort. Essai sur la Terreur et le terrorisme.*

Michel Warschawski (dir.), *La révolution sioniste est morte. Voix israéliennes contre l'occupation, 1967-2007.*

Michel Warschawski, *Programmer le désastre. La politique israélienne à l'œuvre.*

Eyal Weizman, *À travers les murs. L'architecture de la nouvelle guerre urbaine.*

Slavoj Žižek, *Mao. De la pratique et de la contradiction.*

Collectif, *Contre l'arbitraire du pouvoir. 12 propositions.*

Collectif, *Le livre : que faire ?*

Cet ouvrage a été reproduit et achevé
d'imprimer par l'Imprimerie CPI Firmin Didot
à Mesnil-sur-l'Estrée, en juin 2018.
Numéro d'impression : 147385
Dépôt légal : 3e trimestre 2018.
Imprimé en France.